Valentin Kirschgruber
Das Wunder der Rauhnächte

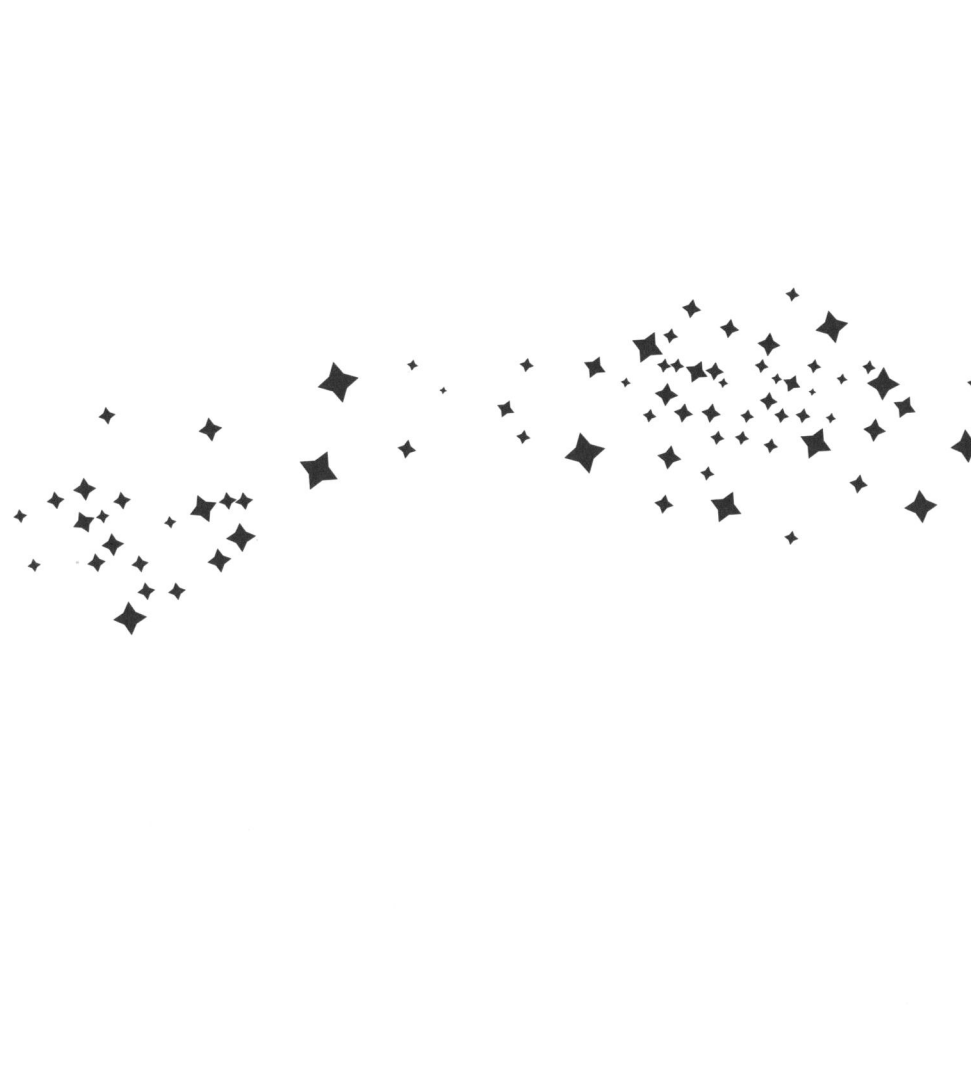

Valentin Kirschgruber

Das Wunder der Rauhnächte

Märchen, Bräuche & Rituale für die innere Einkehr

Inhalt

Die Rauhnächte
Eine magische Zeit

Rauhnächte – wer denkt bei diesem Wort nicht an eisige Winterstürme und Schneetreiben, an unheimliche Gestalten, Hexen, Geister und Dämonen, die um die Häuser spuken und eine geheimnisvolle, bisweilen sogar beängstigende Stimmung verbreiten?

Die »Zwölften« oder »Wolfsnächte«, wie die Nächte zwischen Weihnachten und Heilige Drei Könige auch genannt werden, sind eine ganz besondere, magische und geheimnisvolle Zeit, in der die Natur stillzustehen scheint. Diese Zeit können wir nutzen, um Bilanz zu ziehen, uns auf das nächste Jahr vorzubereiten – aber auch um unser Gespür für das Wesentliche, das den Augen so oft verborgen bleibt, zu schärfen.

Noch vor wenigen Generationen bildeten die Rauhnächte für viele Menschen einen der traditionellen Höhepunkte des Jahres.

An dunklen, kalten Wintertagen bot sich reichlich Gelegenheit, Zeit mit der Familie zu verbringen, sich zu besinnen, Geschichten zu erzählen und die Weichen für die Zukunft neu zu stellen. Und vor allem bot sich die Möglichkeit, lauschend und spürend Kontakt zu der Welt der Ahnen, der Geister und Naturwesen aufzunehmen und »die Zeichen zu deuten«, zu orakeln.

Auch bei uns daheim war die Zeit zwischen den Jahren immer etwas ganz Besonderes: Während der Rauhnächte beobachtete meine Großmutter sehr genau, was um uns herum geschah. Ihr entging nicht die kleinste Kleinigkeit. Stets wusste sie, ob und wie viel es schneien würde, ob mit Sonnenschein zu rechnen war, oder sie bemerkte als Erste, wenn Nebel aufzog oder Wind aufkam. Und dann konnte sie sehr zuverlässig Auskunft darüber geben, was uns das Wetter während der Rauhnächte über die Witterung im neuen Jahr verriet. Sie hatte in diesen Tagen ein besonders feines Gespür dafür, wie es um die Atmosphäre bei uns auf dem Hof stand. Wenn wir Kinder uns stritten, ermahnte sie uns, da Streit während der Rauhnächte Unheil für die Zukunft verhieß.
Meine Großmutter – eine humorvolle, aber durchaus resolute Frau – wachte mit Argusaugen darüber, dass die alten Bräuche eingehalten wurden. Weder durfte in dieser Zeit Karten gespielt noch Unordnung im Haus verbreitet werden. Und da mein Großvater zu jener Zeit schon sehr gebrechlich war, übernahm sie es, die Stube und die Ställe abzuschreiten und alle Räume mit Weihrauch und anderen duftenden Substanzen auszuräuchern.

In meiner Kindheit wäre keiner in unserem Dorf auf die Idee gekommen, die Bräuche der Rauhnächte infrage zu stellen. Es bestand kein Zweifel daran: Wer die Zeichen in der Natur während der »Niemandszeit« richtig deuten konnte, der wusste daraus wichtige Erkenntnisse für das kommende Jahr zu gewinnen. An den langen, dunklen Abenden, während das Feuer im Kamin prasselte und draußen Eiseskälte herrschte, bekamen wir Sagen und Märchen über Hexen, die Geister der Wilden Jagd und die schaurige Frau Percht zu hören. Damals störte sich niemand daran, dass derlei Geschichten womöglich nicht für zarte Kinderohren bestimmt waren – im Gegenteil: Auch die Kinder sollten ruhig erfahren, dass Licht und Dunkel, Gut und Böse sowie Geburt und Tod zum Leben dazugehören. Und gerade wir Kinder – so schien es mir oft – kamen mit dieser universellen Wahrheit besser zurecht als so mancher Erwachsene.

Später, als ich mehr von der Welt erfahren und fremde Kulturen kennengelernt hatte, kam mir die Bedeutung unserer eigenen Traditionen wieder zu Bewusstsein. Was uns in den Rauhnächten umtreibt, sind die universellen Themen, denen wir mit verschiedenen Ritualen begegnen: Gibt es noch mehr als das für unsere Augen Sichtbare? Was bedeutet es, in der Welt zu sein? Was soll ich tun? Was ist meine Bestimmung? Jede Kultur hat Wege gefunden, sich mit diesen Fragen zu beschäftigen. Die Traditionen der Rauhnächte sind ein Weg.

Die Rauhnächte
Einst und heute

Vor langer Zeit, als es noch eine starke Verbindung innerhalb der Dorfgemeinschaften gab und Alt und Jung sich an den dunkelsten Tagen des Jahres in den Stuben trafen, um gemeinsam geheimnisvollen Geschichten zu lauschen, da ergaben die Rauhnächte zweifellos Sinn. Damals gab es weder elektrisches Licht noch Zentralheizung – von Fernsehen, Radio und Computern ganz zu schweigen. Auf den Höfen war im Winter wenig zu tun, denn die Arbeit auf den Feldern musste ruhen. Dass die Menschen die Zeit der Rauhnächte in besinnlicher Weise mit Gebeten und Ritualen, mit Handarbeiten und Musizieren verbrachten, ist da nur verständlich.

Doch wie ist das heute? Ist die Tradition der Rauhnächte heute noch zeitgemäß? Ja und nein …

Einerseits klingt es für uns heute befremdlich, wenn es Brauch war, während der Rauhnächte keine Wäsche im Freien aufzuhängen. Auch die Notwendigkeit, dem Rhythmus der Natur zu folgen und sich in der kalten Jahreszeit gemeinsam am Kamin zu wärmen, besteht längst nicht mehr. Heute muss sich niemand mehr in eine warme Bauernstube flüchten: Jederzeit haben wir die Möglichkeit, die Heizung aufzudrehen oder die Lichtschalter zu betätigen. Doch andererseits ...

Bei allem äußeren Komfort sind die innere Not und die Sehnsucht nach Wärme und Gemeinschaft für viele heute größer denn je. Die Zeit rast dahin. Der Frühling wird zum Sommer, geht eilends in den Herbst über, und ehe man sich versieht, schneit es schon das erste Mal. Kaum dass die ersten Blätter gefallen sind, türmen sich in den Geschäften bereits die Schokoladennikoläuse. Mit Schrecken denken viele dann an den bevorstehenden Weihnachtstrubel – an die Projekte, die in der Arbeit noch abzuschließen, die Geschenke, die noch zu besorgen, und die Familienfeierlichkeiten, die noch zu planen sind. Und dabei spüren wir, dass unser Leben eigentlich viel mehr sein sollte als eine nie endende Aufgabenliste.

Je schnelllebiger die Zeit wird, desto stärker wächst in uns die Sehnsucht nach Ruhe, Stille und Rückbesinnung. Viele von uns freuen sich deshalb jedes Jahr auf Weihnachten, denn wir spüren, dass jetzt eine Zeit kommt, in der wir endlich einmal für das da sein können, was in unserem Leben wirklich zählt.

Doch nicht nur die Weihnachtstage, sondern alle Rauhnächte bieten uns die Möglichkeit, Zeit für uns selbst zu finden. Während der Rauhnächte werden die Schleier, die die geistige Welt verhüllen, dünner. Wer diese Tage gut zu nutzen weiß, kann viel über sich selbst erfahren. Seit jeher wird in den Rauhnächten das Los befragt. Es wird geräuchert, gebetet und meditiert. Es ist die Zeit der Märchen und Sagen, der Träume und der Fantasie. Auch wenn einige Bräuche und Rituale heute veraltet zu sein scheinen – noch immer können wir diese geheimnisumwitterte Schwellenzeit nutzen, um innezuhalten und zurückzuschauen, um zu feiern, Freunde zu treffen oder uns unserer Familie und nicht zuletzt auch uns selbst zuzuwenden.

Wohin die Reise führt

Die Rauhnächte bieten Ihnen einen Zugang in eine Welt voller Magie, die jenseits des Alltags liegt. Wohin die Reise Sie jedoch führen wird, zu der die Rauhnächte Sie einladen, ist allein Ihre Entscheidung. Niemand schreibt Ihnen vor, ob Sie die Zwölften »nur« dazu nutzen wollen, um etwas zur Ruhe zu kommen, die Arbeit zurückzufahren, Zeit für andere zu haben, sich zu entspannen und der Stille und Besinnung in Ihrem Leben ein wenig mehr Raum zu geben – oder ob Sie eine tief reichende, innere Verwandlung anstreben, an deren Ende ein wirklicher Neubeginn steht.

Die Rauhnächte sind Bestandteil der mitteleuropäischen Spiritualität, die über Jahrtausende hinweg mündlich überliefert wurde. In den Rauhnächten können Sie sich dem Zauber öffnen, von dem die Rauhnachtmärchen und -sagen künden, etwa indem Sie alte, teilweise bis in die germanische Kultur zurückreichende Bräuche neu aufleben lassen.

In den folgenden Kapiteln finden Sie Anregungen für die Gestaltung der Rauhnächte. Übernehmen Sie, was Ihnen sinnvoll erscheint, und verwerfen Sie, was Ihren Bedürfnissen nicht entspricht. Denn wenn ich in der langen Zeit, in der ich mich mit dem Mysterium der Rauhnächte beschäftige, etwas gelernt habe, dann ist es, dass jeder von uns dabei seinen ganz eigenen Reisepfad finden muss.

Rauhnächte –
Die heilige Zeit des Übergangs

Der Name »Rauhnächte« geht vermutlich auf das mittelhochdeutsche »*ruch*« zurück, das »wild«, »haarig« und »pelzig« heißt.

Hier gibt es einen eindeutigen Bezug zu den Perchtenumzügen, bei denen wilde, mit Fellen behangene Gestalten durch die Straßen ziehen.

Natürlich könnte der Begriff Rauhnacht (der auch »Raunacht« geschrieben wird) einfach nur auf die »rauen«, dunklen Nächte hinweisen. Eine andere Deutung besagt, dass es vor allem das Räuchern der Häuser und Ställe war, das für den Namen verantwortlich ist: So bedeutet das mittelhochdeutsche »rouch« »rauchen« oder »räuchern« und bezieht sich auf die Räucherzeremonien. Aus den »rouchnahten« wurden schließlich die »Rauhnächte«. Eine weitere Interpretation zieht das althochdeutsche Wort »rûna« heran, das wir mit »Geheimnis« übersetzen können.

Und es gibt noch zahlreiche weitere Bezeichnungen für die Rauhnächte, wie zum Beispiel »Raubnächte« (in den dunklen Wintertagen waren viele Viehräuber unterwegs) oder »Wolfsnächte« (Wolfsrudel kamen den Menschen in den Rauhnächten auf der Suche nach Nahrung bedrohlich nahe). In katholisch geprägten Gegenden finden wir weitere Namen – wie etwa die »Zwölften« oder die »Glöckelnächte«. Der Begriff der »Zwölften« bezieht sich zweifellos auf die »zwölf heiligen Nächte« der Weihnachtszeit und wurde schon lange vor der Zeit der Christianisierung im germanisch geprägten Volksglauben verwendet.

Der Begriff »Glöckelnächte« hängt einerseits mit dem kirchlichen Glockengeläut zusammen, das in den Rauhnächten dazu dient, den Satan fernzuhalten. Auf der anderen Seite bezieht sich die »Glöckelnacht« aber auch auf das »Glöckeln«, einen alten Einkehrbrauch, bei dem an jeder Tür geklopft wird, um Gaben zu erbitten.

Wann sind die Rauhnächte?

Je nach Region und Brauchtum beginnen und enden die Rauhnächte an verschiedenen Tagen. Auch die Anzahl der Nächte variiert. Als Beginn der Rauhnächte wird mitunter schon die Thomasnacht der Wintersonnwende am 21. Dezember angesehen. Tatsächlich ist sie die längste und dunkelste Nacht des Jahres. Diese Interpretation orientiert sich am nordeuropäischen »Julfest« oder »Mitwinterfest«, das jedoch erst in der Zeit nach der Wintersonnwende gefeiert wird. In Schweden beginnen die Rauhnächte noch viel früher, nämlich bereits mit dem Luciafest am 13. Dezember.

Viele Menschen meinen, dass es eigentlich nur vier Nächte seien, die »wirklich« zu den Rauhnächten zählten – die Nacht der Wintersonnwende (21. Dezember), die Christnacht (24. Dezember), Silvester (31. Dezember) und die Nacht auf Heilige Drei Könige (vom 5. auf den 6. Januar). Tatsächlich gelten diese vier Nächte nach wie vor als besonders wichtige Rauhnächte.

Die Tradition, die heute am weitesten verbreitet ist, spricht jedoch von zwölf Rauhnächten und datiert diese zwischen Weihnachten und Heilige Drei Könige, was auch der kirchlichen Interpretation der »zwölf heiligen Nächte« entspricht. Die erste Rauhnacht beginnt um Mitternacht des Heiligen Abends und endet um Mitternacht des 25. Dezember. Die Zeitspanne einer Rauhnacht umfasst somit immer einen ganzen Tag. Das heißt, dass die erste Rauhnacht den ganzen 25. Dezember (von 0:00 Uhr bis 24 Uhr) dauert, die zweite den 26. Dezember und so fort.

Da die Rauhnächte am 5. Januar um Mitternacht enden und der 6. Januar bereits den Eintritt in eine neue Zeit markiert, kommen wir so auf zwölf heilige Nächte.

Die verschiedenen Bezeichnungen und zeitlichen Einordnungen der Rauhnächte sind vielleicht verwirrend, doch das macht nichts. Die Rauhnächte sind die Zeit, in der sich die Welten überlagern. Und diese Zeit, die weder zum alten noch zum neuen Jahr gehört, bleibt immer ein ganzes Stück weit unfassbar. Nicht umsonst werden die Rauhnächte auch als »Niemandszeit« oder »tote Zeit« bezeichnet. Daher können wir über die Rauhnächte nie in dem Maß »Bescheid wissen«, wie wir etwa über den Gebrauch eines Küchengerätes Bescheid wissen. Die Ursprünge des Rauhnachtglaubens verlieren sich ohnehin im Dunkel längst vergangener Zeiten. Verlässliche Quellen gibt es kaum. Und so wie ich das heute sehe, ist das auch gut so. Als ich noch ein kleiner Junge und meine ältere Schwester Sophie etwa acht oder neun Jahre alt war, löcherte sie meine

Mutter unablässig mit Fragen. So wollte sie zum Beispiel wissen, warum es denn eigentlich so gefährlich sei, wenn sie während der Rauhnächte abends noch vor die Tür ging, oder warum unsere Eltern und die Großmutter in den Rauhnächten so viele Kerzen im Haus und an den Fenstern aufstellten. Sie wollte wissen, was es zu bedeuten hatte, dass wir einen Milchkrug als Gabe für die Geistwesen draußen unter die Apfelbäume stellten, und natürlich wollte sie ganz genau erfahren, wie denn die Geister und Dämonen überhaupt aussehen, und was es mit der geheimnisvollen Percht und ihrem Geisterzug auf sich hätte. Meistens lächelte meine Mutter dann nur und schwieg. Oder sie sagte: »Ach meine kleine Sophie, frag nicht so viel – du kannst die Antworten sowieso nicht wissen, du musst sie *spüren*.«

»Weniger denken – mehr fühlen, spüren und erahnen«: An dieses wundervolle Motto für die Zeit zwischen den Jahren muss ich auch heute immer wieder denken. Tatsächlich lässt sich der Zauber der Rauhnächte nur mit dem Herzen und nie vom Kopf her entdecken.

Feiern und beten

Die Zeit der »Zwölften« ist vor allem eine Zeit der Gegensätze – Vergangenheit und Zukunft, Licht und Dunkel existieren nicht nur gleichberechtigt nebeneinander, sondern bedingen einander. Ebenso wie die Rauhnächte eine dunkle, furchteinflößende und gefährliche Zeit sein können, sind sie doch zugleich eine lichte Zeit voller Chancen und Entwicklungsmöglichkeiten.

Seit jeher wurden während der Rauhnächte ausgelassene Feste gefeiert. Viele der damaligen Essens- und Trinkbräuche gründen in dem Glauben an die Macht der Geisterwelt. Bei uns auf dem Hof war es beispielsweise gute Sitte, am Neujahrstag reichlich zu essen und zu trinken. Das üppige Mahl versprach Reichtum und Überfluss im neuen Jahr. Der Verzehr von Linsen- und Erbsengerichten verhieß an diesem und den folgenden Tagen Wohlstand, und meine Großeltern sagten, dass diejenigen, die am Neujahrstag Fisch äßen,»dem Glück entgegenschwimmen«.

Doch ebenso wie ausgelassene Feste zu den Rauhnächten gehörten, war dies auch eine Zeit der inneren Einkehr und Stille, eine Zeit, in der Sagen und Geschichten erzählt wurden und in der man aufmerksam und besonnen Rituale wie Räucherungen durchführte.

Licht und Dunkel, Geburt und Tod, nach außen gewandte Freude und nach innen gekehrte Stille, Feiern und Beten – in den Rauhnächten können wir erkennen, dass wir nur dann »ganz« werden können, wenn wir lernen, beide Pole unseres Daseins anzunehmen.

Geister und Götter
Märchen und Bräuche

Von Kindesbeinen an wurde mir und meinen Geschwistern bei-
gebracht, in der Zeit der Rauhnächte besonders behutsam und
vorsichtig zu sein. Der achtsame Umgang mit der Anderswelt
war für uns ebenso eine Selbstverständlichkeit, wie es auch
heute noch für Kinder selbstverständlich sein sollte, auf Fried-
höfen nicht Ball zu spielen oder nicht in Kirchen herumzutol-
len.

Vor allem in ländlichen Regionen achteten Hausfrauen seit
Jahrhunderten darauf, die Rauhnachtbräuche einzuhalten, die
sich allerdings von Hof zu Hof, von Dorf zu Dorf und natürlich
erst recht von Land zu Land
stark unterschieden und
bis heute unterscheiden.
Eines haben die alten Bräuche jedoch gemeinsam:
Seit Urzeiten dienten sie vor
allem dem Zweck, böse
Geister fernzuhalten. So
war es verboten, in dieser

Zeit vor dem Haus Wäscheleinen aufzuspannen, denn man wollte vermeiden, dass umherziehende Dämonen sich darin oder in den aufgehängten Wäschestücken verfangen und dann Unglück über die Hausbewohner bringen. Der Lärm, der um Neujahr herum veranstaltet wurde, diente ebenso dazu, bedrohliche Mächte zu verjagen. Das Böllern an Silvester, die Perchtenumzüge mit ihren stampfenden, peitschenknallenden und trommelnden Gestalten zeugen noch heute davon. Doch während draußen Lärm herrschte, wurde in den Stuben geräuchert, gebetet und meditiert, um die Atmosphäre zu reinigen und sich vor schädlichen Energien und Einflüssen zu schützen.

Eintritt in die Welt der Geister

Die Zeit der Rauhnächte ist eine dunkle Zeit. Doch in der Dunkelheit werden unsere feineren Sinne umso aktiver und ermöglichen es uns, Einblick in die Welt jenseits der sichtbaren Welt zu nehmen. Nicht nur die Geister, sondern auch verschiedene Gottheiten begegnen uns in den Sagen der Rauhnächte. Während der Wolfsnächte stürmt *Odin (Wotan)*, der Göttervater der nordischen Mythologie, auf seinem achtbeinigen Schimmel *Sleipnir* in der »Wilden Jagd« auf die Erde. Als Anführer eines furchteinflößenden Geisterheeres treibt er sein Unwesen in Wäldern und Dörfern.

Zur Zeit unserer Ahnen saß die ländliche Bevölkerung im Winter praktisch auf ihren Höfen fest. Während eisige Nordwinde über die Felder fegten, erfüllte die Menschen das Treiben der Geister und Dämonen mit Schrecken. Doch so grausam und furchteinflößend die finsteren Gesellen der Rauhnächte sein konnten, waren sie es zugleich, die die Verwandlung und Erneuerung der Natur repräsentierten.

In den alten Sagen ist es nicht immer Odin, der das Heer der Geister anführt. Oft ist auch von *Frau Percht* oder *Berchta* die Rede. *Percht* war die Göttin der Unterwelt, die mit der *Wilden Jagd* über das Land fegte. Mancherorts hieß sie *Frau Holle*, die wir alle aus dem gleichnamigen Märchen der Brüder Grimm kennen.

Viele Rauhnachtbräuche stammen noch aus der Zeit, als die Wiederkehr der verstorbenen Seelen und das Erscheinen von Geistwesen wie Hexen, Werwölfen, schwarzen Hunden, Alben, Gespenstern und Naturgeistern für viele Menschen nur allzu greif- und begreifbar war. Doch auch heute noch hat jeder, der dazu bereit ist, die Möglichkeit, gerade zwischen den Jahren Einblick in die Anderswelt zu bekommen und die Verbindung zu geistigen Wesen aufzunehmen. Es kommt darauf an, der eigenen Fantasie Flügel wachsen zu lassen. Dabei kann unser Unterbewusstsein zu einer unerschöpflichen Quelle der Weisheit werden. Schon als Kind habe ich gelernt, wie wichtig es ist, während der Rauhnächte gut auf die eigenen Träume zu achten, zu versuchen, die Zeichen der Natur richtig zu deuten, und Augen und Ohren besonders weit geöffnet zu halten.

Märchenzeit

Noch vor wenigen Generationen, als es weder Zeitungen, Radio noch Fernsehen gab, waren Sagen und Märchen die Quelle von Wissen und Einsicht und dienten zugleich der Unterhaltung. In der besinnlich-schaurigen Atmosphäre der Rauhnächte

war die Sehnsucht nach geistiger und seelischer Nahrung besonders groß. Die Märchen und Sagen früherer Zeiten handelten von Leben und Tod, Leiden und Erlösung, Licht und Dunkel. Einige waren schauerlich, manche sogar blutrünstig, andere jedoch hoffnungsfroh und heiter. Doch so unterschiedlich der Inhalt auch gewesen sein mochte, immer gab es darin einen wahren Kern oder eine Lebensweisheit zu entdecken.

Für gewöhnlich waren es die älteren, weisen Frauen, denen die Aufgabe zufiel, in den Zwölften Märchen zu erzählen. In unserer Familie war das allerdings anders: Mein Onkel Karl, der älteste Bruder meines Vaters, war ein begnadeter Geschichtenerzähler, und so hingen in den Winternächten alle an seinen Lippen, egal ob Kinder, Eltern oder Großeltern. Onkel Karl las die Geschichten jedoch nicht vor, sondern er erfand sie mehr oder weniger aus dem Stegreif. Dass darin immer wieder die gleichen Gestalten auftauchten, dass die Geschichten jedes Mal von Frau Percht, dem Wilden Jäger, der Habergeiß (»*Haber-goaß*« oder »*Hoawagoaß*« – ein Zwitterwesen, halb »Haber« also Bock, halb »Geiß«, also Ziege), von Werwölfen und Waldelfen handelten, tat der Spannung keinen Abbruch.

Märchen zu lauschen kann zu einer Meditation – ja mehr noch, zu einem Initiationserlebnis, einer spirituellen Reise in die Anderswelt werden. Märchen können uns verwandeln und einen starken, bleibenden Eindruck in unserer Seele hinterlassen, sofern wir bereit sind, uns wirklich auf sie einzulassen.

Doch brauchen wir in Zeiten von TV-Serien und Internet überhaupt noch Märchen? Ja, die brauchen wir. Und wahrscheinlich sogar mehr denn je. Verlieren wir uns nämlich zu sehr in der nüchternen Alltagswelt, in der es fast ausschließlich um Tatsachen und Informationen geht, dann ist die Gefahr groß, dass wir dabei einen wichtigen Teil von uns verlieren – unsere Fantasie, unsere kindliche Neugier und unsere Fähigkeit, zu staunen und zu träumen.

Die Rauhnachtbräuche

Jedes Land und jede Region pflegt bestimmte Bräuche. Gerade auf dem Land ist das Brauchtum etwas ganz Selbstverständliches – das gilt jedoch nur so lange, wie es um die eigenen Traditionen geht. Die Bräuche fremder Kulturen – und diese können

schon im Nachbardorf beginnen – kommen uns hingegen oft exotisch vor.

Einige Bräuche empfinden die meisten von uns als ganz normal: Am 1. Mai wird der Maibaum aufgestellt und in der Weihnachtszeit der Christbaum geschmückt – das ist nichts Besonderes. Bei uns im Dorf gab es aber auch Bräuche, die weniger bekannt sind. So etwa die Klosn- oder Klausennacht vom 5. auf den 6. Dezember, in der die jungen Männer des Dorfes, als Klosn verkleidet, die Jugendlichen durch das Dorf jagten. Wer vor diesen Gestalten, deren Gesichter mit Ruß geschwärzt und deren Körper in Säcke und Felle gehüllt waren, nicht schnell genug wegrannte, erhielt eine gehörige Abreibung. Weidenruten, Ketten und das schaurige Wutgeheul ließen alle die Beine in die Hand nehmen.

Vor allem aber kannten wir viele Bräuche und Verhaltensregeln der Rauhnächte. Meine Großmutter achtete zum Beispiel sehr darauf, dass wir uns in diesen Tagen ruhig verhielten und nicht mit den Türen schlugen. Dies ist sicher verständlich, da die Zeit der Rauhnächte eine besinnliche, stille Zeit ist. Auch pflegten meine Großeltern den Brauch, zwischen Weihnachten und Heilige Drei Könige ein »Ahnentischchen« aufzustellen: Auf einem

Beistelltischchen wurden Tannenzweige, Waldkräuter, Moos und Bergkristalle arrangiert – dazwischen wurden kleine Kerzen für die verstorbenen Angehörigen angezündet.

Man hielt sich an traditionelle Verhaltensregeln, die bei vielen von uns heute eher Unverständnis hervorrufen – etwa die Regel, an den Rauhnächten nach dem Räuchern nicht mehr in den Stall zu schauen oder vors Haus zu treten.

Viele Rituale zeugen von dem Wunsch, die eigene Angst zu besiegen und Dämonen zu besänftigen. Bei anderen geht es eher darum, die schützenden, guten Geister wie Hausgeister oder die Seelen der Verstorbenen gütig zu stimmen. Wir verkennen die Bedeutung der Bräuche, wenn wir in ihnen lediglich den Ausdruck altertümlichen Aberglaubens sehen. Vergessen wir nicht, dass vielen dieser ritualisierten Handlungen eine tiefe Symbolkraft zukommt, die auf spirituellen Erfahrungen gründet und die wir mit unserem modernen Weltbild nicht ohne weiteres ergründen können.

Abgesehen vom Bleigießen und Böllerschießen an Silvester, das sicher die meisten von uns kennen, gibt es noch viele andere Rauhnachtbräuche. So etwa die Bräuche, nach denen im Haus für Ordnung zu sorgen ist, Schulden beglichen werden müssen, auf Glücksspiele zu verzichten ist oder die Stuben mit Weihrauch geräuchert werden sollen. Wir werden später noch auf einige dieser Bräuche zu sprechen kommen.

Rauhnächte
Zeit für die Seele

Während der Rauhnächte geht es natürlich nicht nur darum, ein paar Abende lang Kerzen anzuzünden, Orakelkarten zu legen oder Weihrauchmischungen zu verbrennen. Sicher – das äußere Tun gehört zur Gestaltung der Rauhnächte, doch es bringt wenig, altes Brauchtum zu pflegen, ohne dabei zum Wesentlichen vorzudringen. Und das Wesentliche besteht darin, dass wir in dieser Zeit nach innen gehen, uns neu orientieren und dabei wieder zu uns selbst finden können.

Kleine Kinder und ältere Menschen sind für die Magie der Rauhnächte besonders empfänglich. Das ist kein Wunder: In der Kindheit und den späten Lebensjahren sind wir noch nicht oder nicht mehr so stark in weltliche Angelegenheiten verstrickt. In diesen Phasen fällt es den meisten leichter, aus ihren spirituellen Quellen zu schöpfen.

Ich erinnere mich noch gut, wie ich als Kind gemeinsam mit meinen Geschwistern staunend vor dem Lichtermeer stand, in das die vielen Kerzen unser Wohnzimmer alljährlich in der Rauhnachtzeit verwandelten. Oder wie wir schweigend über verschneite Waldwege schlichen und meiner unverheirateten

Tante auf ihren Nachtwande-
rungen folgten.

Doch irgendwann ver-
schwand das Staunen dann
aus meinem Leben. Schon
während der Pubertät bekam
ich meine Zweifel am Sinn
der Rauhnachtrituale. Mehr
und mehr erschien es mir
»peinlich«, Märchen zu lauschen oder gar Lieder zu singen. Bis der tiefere Sinn der
Rauhnächte sich mir wieder
offenbarte, sollte es Jahre dauern. Erst als ich die farbenfro-
hen lebendigen Traditionen
anderer Kulturen kennenler-
nen durfte, die Welt bereist
und mich mit spirituellen
Wegen aus Ost und West be-

schäftigt hatte und selbst Vater zweier bezaubernder Töchter
geworden war, besann ich mich auf die alte Schatztruhe unseres
eigenen traditionellen Wissens und unserer Weisheit. Und
obwohl unsere Töchter heute längst aus dem Haus sind, hat
mich die magische Anziehungskraft der Rauhnächte seither
nicht mehr losgelassen – im Gegenteil, sie gewinnt von Jahr zu
Jahr an Tiefe und Bedeutung.

Der Weg zur Mitte

Wie keine andere Zeit im Jahr eignet sich die Zeit der Rauhnächte dazu, sich einige wesentliche Fragen zu stellen und – was natürlich mindestens ebenso wichtig ist – darauf auch Antworten zu erhalten. Diese Fragen lauten etwa: »Was ist mein Weg?« – »Warum bin ich hier?« – »Welche Aufgabe muss ich erledigen, die außer mir niemand anderer erledigen kann?« – »Was wird die Zukunft bringen?« – »Wie wirken sich meine jetzigen Entscheidungen auf die Erfüllung meiner Träume aus?«
Wie auch immer wir die Rauhnächte gestalten – mit der Lektüre von Märchen, der Beschäftigung mit unseren Träumen, Räucherritualen oder Meditationen –, können wir Erkenntnisse gewinnen, die uns dabei helfen, bei unserer Reise von der Dunkelheit ins Licht gut an unser Ziel zu gelangen.

Die Zeit jenseits der Zeit

Mit den Rauhnächten treten wir in die fünfte Jahreszeit ein. Im Gegensatz zu den wohlgeordneten vier Jahreszeiten verlieren Raum und Zeit in dieser Periode ihre scharfen Konturen. Dabei entsteht ein neuer, offener Raum, in dem es uns leichter fällt, Kontakt mit der Ewigkeit aufzunehmen. »Ewigkeit« klingt vielleicht etwas zu gewaltig, denn im Grunde ist die Ewigkeit nichts anderes als die Wirklichkeit, sobald wir diese nicht länger durch unsere Brille aus Sorgen, Grübeln, Planen und einem Wertekorsett, sondern mit einem freien, offenen Geist betrachten.

Als Unterbrechung des Alltags bietet uns die Zeit zwischen Weihnachten und Heilige Drei Könige die Möglichkeit, etwas Abstand zu gewinnen. Die Kinder haben Weihnachtsferien, die Feiertage liegen vor uns, und mit etwas Glück stehen uns noch ein paar Urlaubstage bevor. Trotz aller Annehmlichkeiten des modernen Lebens sollten wir gerade jetzt versuchen, wieder mit dem Rhythmus der Natur in Einklang zu kommen. Jetzt dürfen wir gedankenverloren aus dem Fenster blicken, uns in das winterliche Schneetreiben vertiefen, ausgedehnte Abendspaziergänge machen und den Lärm der Welt vergessen. So wie die Rauhnächte schon vor vielen Generationen eine Zeit der

Besinnung und inneren Einkehr waren, können sie auch heute zu einer Auszeit für uns werden.

Warum aber ist diese Zeit so besonders? Warum waren Weise, Heilerinnen und Seher sich so sicher, dass die Tore zur geistigen Welt gerade in den Rauhnächten leichter durchschritten werden können als zu jeder anderen Zeit? Zum Teil hängt das sicher mit dem Mondkalender zusammen.

Der Mond braucht 29 1/2 Tage von Neumond zu Neumond. Zwölf Monate sind also 354 Tage – ein Mondjahr. Darauf beruhte der alte Mond- oder Lunarkalender. Nun braucht die Sonne aber länger, um wieder an derselben Stelle am Himmel zu stehen: nämlich etwa 365 Tage – ein Sonnenjahr.

Die Rauhnächte hängen mit der Notwendigkeit zusammen, den älteren Mond- oder Lunarkalender mit dem Sonnenkalender in Einklang zu bringen. Die elf Tage und zwölf Nächte, die die Lücke vom Mondjahr zum Sonnenjahr mit seinen 365 Tagen füllen, wurden früher als »die Zeit außerhalb der Zeit« oder »die Zeit zwischen den Jahren« bezeichnet. Die Rauhnächte sind weder den Gesetzen der Sonne noch denen des Mondes unterworfen. Und daher wurden sie in der Zeit unserer Großeltern und schon lange davor als »geschenkte Zeit« angesehen.

Ob es uns gelingt, die geschenkte Zeit zu einer Gabe an uns selbst zu machen, steht auf einem anderen Blatt. Doch da Sie dieses Buch in Händen halten, zweifle ich nicht daran, dass Sie die Absicht haben, genau das zu tun. Und wie so oft beginnt auch die längste Reise nicht etwa mit dem ersten Schritt, sondern schon davor: mit der Absicht, diesen Schritt zu tun …

Zeit der Besinnung, Zeit der Stille

Während die Stille in früheren Zeiten gerade während der kalten Wintertage einfach zum Leben dazugehörte, ist das heute alles andere als selbstverständlich. Nie war die Welt so laut wie dieser Tage. Der Begriff der »akustischen Umweltverschmutzung« dürfte vielen von uns bekannt sein, und Philosophen sprechen gar vom »Aussterben der Stille« in unserer modernen Zeit. Sogar auf dem Land ist es relativ laut geworden – Straßenverkehr, Fluglärm und Medien wie Fernseher und Radiogeräte sorgen für eine kaum jemals abreißende Geräuschkulisse. Wenn ich jedoch gelegentlich meine erwachsenen Töchter besuche, die beide in der Großstadt leben, wird mir der ständige Krach durch Autos, Laster, Sirenen und Baustellen noch sehr viel stärker bewusst.

Mehr denn je laden uns die Rauhnächte dazu ein, innezuhalten, zur Ruhe zu kommen, still zu werden und zu lauschen. Sicher – für Menschen, die in der Stadt wohnen, mag es gar nicht so einfach sein, überhaupt noch äußere Stille zu finden. Meist ist ein bewusster Entschluss nötig, in die Natur zu gehen und einige

Zeit abseits der lärmenden Menschenmassen zu verbringen. Natürlich spielt die Tageszeit dabei ebenfalls eine große Rolle: In den Nächten und den frühen Morgenstunden können wir sehr viel leichter Stille erleben als in der Zeit, da der Berufsverkehr über die Straßen donnert. Und an den Feiertagen, von denen es ja in der Zeit zwischen den Jahren immerhin einige gibt, ist der äußere Lärm gewöhnlich weniger beherrschend.

Dass die Rauhnächte eine ganz besondere Zeit sind, das leuchtet heute nicht mehr so ohne weiteres ein. Zu weit haben wir uns meist von der Natur entfernt, um zu erkennen, dass diesen Tagen und Nächten ein unvergleichlicher Zauber innewohnt. Während der Rauhnächte wird es draußen dunkel und still. In klaren Rauhnächten können wir am Sternenhimmel interessante Lichtphänomene beobachten. Die Welt der Pflanzen ist zur Ruhe gekommen und, zumindest oberflächlich betrachtet, scheint es so, als hätten die Bäume, Sträucher und Büsche sich vollständig in sich selbst zurückgezogen. Oft liegt Schnee, die Seen und Teiche sind zugefroren. Eisiger Wind weht über die Felder, und zuweilen bekommt die Sonne einen besonderen, goldenen Glanz. Die Tiere halten Winterschlaf. Die Alten sagten, dass einige von ihnen in dieser Zeit sprechen könnten. Andere Sagen erzählen, dass es die Geister sind, die den Menschen in der Gestalt von Tieren begegnen, die dann für uns zu seelischen Begleitern werden können.

Alle Kräfte in der Natur haben sich zurückgezogen. Das Aktive weicht dem Passiven, die Energie des Lichts der Energie der Dunkelheit. Und genau hier liegt der Schlüssel für unsere Entwicklungschancen in dieser Phase des Jahres. Die alten Bräuche, die besagen, dass die Spinnräder während der Zeit der Rauhnächte stillzustehen haben oder keine Wäsche aufgehängt werden darf, sind im übertragenen Sinne zu verstehen: Tatsächlich geht es darum, die Aufmerksamkeit jetzt verstärkt nach innen statt nach außen zu lenken, die äußere Aktivität einzuschränken und still zu werden.

Die zwölf Rauhnächte

In den folgenden Kapiteln soll es nun ganz um die praktische Umsetzung gehen. Neben einigen Märchen oder Sagen finden Sie Anregungen zu Ritualen, Meditationen, Räucherungen, Orakeln und Bräuchen. Wichtig ist, dass Sie all diese Anleitungen tatsächlich als das nehmen, was sie sein sollen: Impulse und Orientierungsmöglichkeiten für Ihre ganz eigene Art und Weise, die Zeit der Rauhnächte zu gestalten. Letztlich muss jeder von uns seinen ganz individuellen Weg für diese innere Reise finden.

Die Schritte auf dieser Reise der Verwandlung spiegeln sich in den zwölf aufeinander aufbauenden Themen der Rauhnächte wider: Wir bereiten uns vor und schließen die Tür hinter uns.

Dann werden wir still und orientieren uns. Nun beginnt die eigentliche Reise, und wir öffnen uns dem Neuen. Wir vertrauen unserer inneren Führung und entdecken unbekannte Gefilde. Dabei lernen wir uns selbst kennen – den Körper und unsere Gefühle, um dann mit den neuen Erkenntnissen unsere Herzensziele bestimmen zu können. Dies ist der Wendepunkt auf der Mitte des Weges.

Dann kommt es darauf an, die eigenen Ziele zu verwirklichen und zu handeln. Der Gipfel kommt in Sicht, und wir werfen Lasten ab, die wir noch mit uns tragen, um leichter voranzukommen. Wir öffnen unsere Sinne für den Neuanfang, der bevorsteht, begrüßen ihn mit Dankbarkeit und erwachen zum Neubeginn. Das sind die zwölf Stufen der Rauhnachtreise, die sich hinter den alten Traditionen verbergen.

Damit Sie zur Ruhe kommen, das Alte abschließen und sich für das Neue öffnen können, sollten Sie für die bestmöglichen Voraussetzungen sorgen. Schaffen Sie schon im Vorfeld eine Atmosphäre, die es Ihnen erlaubt, sich mit Ihrer Mitte zu verbinden und wichtige Einsichten bezüglich Ihrer Herzenswünsche und Ihrer Entscheidungen zu gewinnen. Passen Sie gut auf sich auf. Pflegen Sie sich, und sammeln Sie frische Kräfte für die Herausforderungen, die das kommende Jahr bringen mag.

Allgemeine Hinweise für die Praxis

Um Wiederholungen in den folgenden Kapiteln zu vermeiden, möchte ich Ihnen hier kurz ein paar allgemeine Hinweise an die Hand geben.

Zu Ritualen und Zeremonien

Die wichtigste »Regel« dabei lautet: Lassen Sie sich Zeit. Meiden Sie jede Hektik. Führen Sie Rituale nur dann aus, wenn Sie dazu die nötige Ruhe haben. Verlangsamen Sie, wenn möglich, Ihre Bewegungen, lenken Sie die Achtsamkeit auf Ihren Körper und Ihren Atem, und bleiben Sie während der Rituale gesammelt und entspannt.

Zu den Meditationen

Meditation heißt, das Bewusstsein nicht treiben zu lassen, sondern es auf einen bestimmten Punkt hin auszurichten – und dabei das Grübeln und Sichsorgen einzustellen. Meditieren ist zwar etwas Geistiges, doch sollten Sie bei allen Meditationsübungen darauf achten, dass Sie eine gute Körperhaltung einnehmen. Warum ist das so wichtig? Ganz einfach: Die meditative Vertiefung hängt nicht nur von Ihrer geistigen Haltung, sondern zunächst einmal von Ihrer körperlichen Haltung ab. Meditation hat nichts damit zu tun, sich gehen zu lassen. Im Gegenteil: Die richtige Spannung und Konzentration sind entscheidend.

Es empfiehlt sich, während der Meditationen zu sitzen – ob auf einem Stuhl, einem Schemel oder auf dem Boden ist dabei nicht so wichtig. Wichtig ist, dass Sie die Augen schließen, den Rücken gerade halten, Gesicht und Schultern entspannen und sich in Ihrer Körpermitte »niederlassen«. Achten Sie darauf, den Atem immer frei strömen zu lassen.

Zu Märchen und Sagen

Die Auswahl der Geschichten zu den Rauhnächten, die Sie in den folgenden Kapiteln finden werden, ist notgedrungen klein. Allein die nordischen Sagen zum Thema füllen Hunderte von Seiten. Ich möchte Sie daher dazu einladen, sich für die Zeit der Rauhnächte gut mit märchenhafter Literatur zu versorgen. Allerdings gilt auch hier, dass weniger oft mehr ist. Ein einziges Märchen kann in Ihnen mehr bewirken als eine ganze Bibliothek an Sagen aus ganz Europa.

Wenn Sie Geschichten vortragen, so lesen Sie langsam, bleiben Sie entspannt, und lassen Sie Ihrem Atem genug Zeit, die Worte und Sätze wirklich auszufüllen. Und wenn Sie den Geschichten lauschen, dann hören Sie wirklich zu: Lassen Sie Ihre Alltagsgedanken zur Ruhe kommen, und tauchen Sie tief in die Welt der Fantasie ein.

Zum Räuchern

In den Rauhnächten dienen Räucherungen dazu, Haus und Hof vor schädigenden Einflüssen zu schützen, die Verbindung zu den Ahnen wiederherzustellen oder magische Rituale zu gestalten. Um Räucherrituale durchzuführen, benötigen Sie nur ein Minimum an Ausrüstung. Abgesehen von den Harzen und

Kräutern brauchen Sie im Grunde nur eine feuerfeste Schale und etwas Holzkohle. Aber natürlich können Sie das Ganze auch etwas »professioneller« angehen und sich einige Utensilien besorgen:

✳ Das Räuchergefäß
Es gibt einfache Keramik- oder Tonschalen, spezielle Räucherkelche oder sogar dreifüßige Räuchergefäße. Da das Räuchergefäß im Mittelpunkt der Zeremonie steht, sollten Sie ruhig anspruchsvoll sein. Achten Sie bei der Verwendung von Schalen darauf, eine feuerfeste Unterlage zu benutzen. Klassische Räuchergefäße können leichter durch die Räume getragen werden.

✳ Die Räucherkohle
Bei der speziellen Räucherkohle handelt es sich um verschieden große Kohlescheiben, wobei die kleinste Größe ausreicht. Es lohnt sich, hochwertige Kohle zu kaufen, die angenehmer riecht und weniger zu starker Rauchentwicklung neigt. Da die Kohle nach dem Räuchern noch sehr lange nachglühen kann, sollten Sie sie am Ende des Rituals stets gründlich mit Wasser ablöschen.

✳ Weitere Utensilien
Beim Räuchern kommen verschiedene Pflanzenbestandteile wie Kräuter, Harze oder Rindenteilchen zum Einsatz. Diese sollten vor dem Räuchern im Mörser zerstoßen werden. Ideal sind Stein- oder Messingmörser, mit denen sich auch härtere Bestandteile wie Rinden und Harze gut zerkleinern lassen.

Zusätzlich brauchen Sie etwas Sand, damit die Kohle gut abbrennt, ohne dass das Räuchergefäß zu Schaden kommt. Verteilen Sie den Sand gleichmäßig am Boden. Sinnvoll, wenn auch nicht unbedingt nötig, sind eine lange Pinzette, ein langstieliger Metalllöffel sowie einige Vogelfedern. Mit der Pinzette halten Sie die Kohle beim Anzünden und schützen so Ihre Finger. Mit dem Löffel geben Sie die Räuchermischung auf die Kohle. Mit den Federn können Sie den aufsteigenden Rauch in den Raum oder in Ihr eigenes Energiefeld fächeln.

Einstimmung und Vorbereitung auf die Rauhnächte

Auch wenn es im Vorweihnachtstrubel manchmal schwerfällt: Versuchen Sie, sich schon in der Adventszeit langsam auf die bevorstehende Phase der Rauhnächte einzustimmen. Vielleicht gelingt es Ihnen, einen Gang herunterzuschalten. Traditionell werden in dieser Zeit Weihnachtsplätzchen gebacken und die Kerzen der Adventskränze angezündet. Die Qualität der Stille und der Besinnung ist bereits spürbar. Nehmen Sie sich bewusst jetzt schon Zeit, in die Natur hinauszugehen, zu lesen, entspannende Musik zu hören oder auf andere Weise für Ihr seelisches Wohlbefinden zu sorgen. Vielleicht möchten Sie die Nacht der Wintersonnwende am 21. Dezember, die früher vielerorts bereits zu den Rauhnächten gezählt wurde, für ein Ritual oder eine Räucherung nutzen.

Folgende Aktionen helfen Ihnen dabei, sich innerlich wie äußerlich auf die Zeit der Rauhnächte vorzubereiten:

* Bringen Sie alle Dinge zurück, die Sie sich dieses Jahr ausgeliehen haben.
* Bezahlen Sie Geld zurück, das Sie anderen noch schulden. Überlegen Sie, ob eventuell noch alte Rechnungen offen sind, und begleichen Sie diese. Machen Sie reinen Tisch, und befreien Sie sich von Altlasten.
* Schaffen Sie schon vor Weihnachten Ordnung im Haus. Räumen Sie Ihre Zimmer in einer ruhigen, meditativen Stimmung auf. Fangen Sie nicht an, die Garage oder den Keller zu sortieren – es geht nicht um Perfektion, sondern um eine klare, ruhige Atmosphäre.
* Versuchen Sie, Probleme mit anderen Menschen aus dem Weg zu räumen. Sprechen Sie sich mit Freunden, Ihrem Partner oder Ihren Kindern aus, wenn es noch Dinge gibt, die Ihre Beziehungen belasten.
* Besorgen Sie sich alles, was Sie für die Rauhnachtrituale oder -orakel brauchen. Sorgen Sie dafür, dass genügend Kerzen im Haus sind, und kaufen Sie alles ein, was Sie zum Herstellen der Räuchermischungen oder für die Rezepte brauchen. Wenn Sie möchten, können Sie sich einen Notizblock aus schönem Papier oder ein Traumtagebuch besorgen.

*Alle Geburt ist Geburt
aus Dunkel ans Licht.
Das Samenkorn muss i[n]
der Finsternis sterben,
damit die schönere
Lichtgestalt sich erhebe.*
Friedrich Schelling

25. Dezember

1

Rauhnacht

Altes abschließen

Der Weihnachtsabend ist vorbei, und die erste Rauhnacht bricht an. Eine Ahnung davon haben der Advent und die Wintersonnwende am 21. Dezember, die in einigen Gegenden ja ursprünglich auch schon zu den Rauhnächten gehörte, bereits gebracht. Oft wird der heutige, erste Weihnachtsfeiertag im Kreise der Familie gefeiert, und wir haben Zeit, uns ausgiebig mit unseren Geschenken zu beschäftigen und beisammenzusitzen. Doch es geht noch um mehr, denn jetzt können wir Altes abschließen und bewusst loslassen, sofern wir dazu bereit sind.

Blicken Sie noch einmal auf das Vergangene zurück: Welche Erfahrungen waren im ablaufenden Jahr besonders wichtig für Sie? Gibt es bestimmte Menschen, die Ihnen geholfen haben, Ihren Weg zu finden und zu gehen? Oder gibt es schädliche Gewohnheiten, die Sie endgültig ablegen wollen? Beziehungen, die eher hindern als förderlich für Sie sind? Das Alte kann nur dann Platz für das Neue machen, wenn wir bereit sind, uns innerlich zu wandeln. Die Rauhnächte gelten als Zeit der Verwandlung. In diesen Nächten kann viel passieren. Immer wieder berichten Menschen davon, dass die Rauhnächte für sie zu einem Wendepunkt geworden sind, der sie zu einem höheren, reiferen Bewusstseinszustand geführt hat. Das ist kein Wunder, denn es spricht vieles dafür, dass der Kult um die Rauhnächte ursprünglich archaischen Initiationsriten entspringt.

Typische Rauhnachtthemen sind »das Durchschreiten des großen Tors«, das uns von der geistigen Welt trennt, oder das »Hinabsteigen in die Tiefen des Unbekannten«, also in die Sphären der Unterwelt. Jenseits der Stille, des Friedens und der Lichterfahrungen, die wir in den Rauhnächten erleben können, kann jetzt die Auseinandersetzung mit dem eigenen Schatten von großer Bedeutung sein. Und diese Konfrontation erfordert Mut. Nur wenn wir die Kraft finden, unseren tiefsten Ängsten zu begegnen, können wir die Dunkelheit durchschreiten und seelisch wachsen. Gelingt es uns, den Schleier der Dunkelheit zu lüften, so werden wir etwas Wunderbares entdecken: In unserem innersten Wesen herrscht immer Licht. Wie ein kleiner Goldklumpen, der lange im Schmutz lag, doch immer Gold bleibt, so bleibt auch die menschliche Seele in ihrem Kern immer hell und licht. Und gerade in den scheinbar so düsteren Tagen zwischen Weihnachten und Heilige Drei Könige können wir dieses innere Licht oft intensiver erfahren als zu jeder anderen Zeit.

So dunkel die Rauhnächte also mitunter auch werden können, die Botschaft, die sie tragen, ist doch stets positiv und lebensbejahend. Das Thema, um das es letztlich geht, ist nicht der Tod, sondern die Geburt und das Wachstum. Manchmal entsteht der Eindruck, als würde das Leben in der dunklen Zeit geradezu stillstehen – doch das tut es nie. Gerade in der Dunkelheit findet Wachstum statt, reift der Same in der Kapsel heran, im Unsichtbaren bereitet sich das Leben darauf vor, sichtbar zu werden. Unsere Aufgabe ist es, die innere Verwandlung zuzulassen. Nur indem wir uns von Altem und Überflüssigem befreien, können wir die Kräfte des Lichts in uns zur Entfaltung bringen.

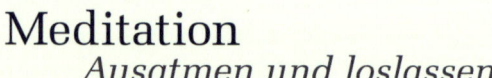

Meditation
Ausatmen und loslassen

❋ Setzen Sie sich aufrecht und entspannt auf einen Stuhl oder auf den Boden. Schließen Sie die Augen, und lenken Sie das Bewusstsein auf Ihren Atem. Falls es Ihnen schwerfällt, den Atem zu beobachten, dann richten Sie Ihre Aufmerksamkeit auf Ihre Bauchdecke, die sich beim Einatmen leicht dehnt und beim Ausatmen wieder senkt.

❋ Versuchen Sie nicht, den Atem zu verändern: Ob er nun schnell oder langsam, gleichmäßig oder ungleichmäßig, tief oder flach ist – all das spielt jetzt keine Rolle. Ihr Atem ist Ihr Atem, so wie er jetzt eben ist.

❋ Bleiben Sie einige Minuten dabei, den Atem zu beobachten. Sicher wird es nicht lange dauern, bis Gedanken aufsteigen. Wenn Sie feststellen, dass Sie zu denken beginnen, dann warten Sie auf das nächste Ausatmen, und lassen Sie diese Gedanken los.

❋ Nutzen Sie die Ausatmung, um Ihren Geist zu entspannen. Wenn Erinnerungen kommen, dann nehmen Sie diese einfach wahr, und lassen Sie sie anschließend los. Ebenso wenn Bilder, innere Dialoge, Pläne oder Sorgen auftauchen: Bemerken Sie diese, atmen Sie aus, lassen Sie los.

❋ Um für das Neue bereit zu sein, müssen Sie das Alte abschließen. Und das Alte sind Ihre Gedanken – denn selbst wenn es Gedanken an die Zukunft sind, nähren sich diese doch immer nur aus Ihren bisherigen Erfahrungen, also aus der Vergangenheit. Das Denken ist niemals neu, denn das Neue entsteht nicht aus der Aktivität des Denkens, sondern aus der Kraft der Stille.

❋ Bleiben Sie einige Minuten bei dieser Übung: Atmen – die Gedanken beobachten, während sie auftauchen – und diese dann ausatmend loslassen.

❋ Um die Meditation zu beenden, richten Sie Ihre Aufmerksamkeit für ein paar Momente auf Ihre Körperhaltung und die Schwere Ihres Körpers. Atmen Sie dann tief durch, und öffnen Sie die Augen.

Märchen
Der Geizige und der Geist

Es war einmal ein geiziger Bauer, der liebte sein Geld über alles. In seinem Keller hatte er drei Kisten mit Goldstücken vergraben, aus Angst, dass man ihn bestehlen könnte. Seine Frau war ihm vor Jahren gestorben, und er hatte keinen Erben.

Knechte blieben nie lang auf dem Hof, denn der alte Bauer hatte nur selten ein gutes Wort für sie und niemals gutes Geld. Und auch diesmal hatte der Bauer den Mägden und Knechten keine Geschenke zum Christfest beschert, wie es gemeinhin Sitte war.

Spät abends saß der Bauer am Weihnachtstag allein in der Stube, als er ein Scharren aus dem Keller hörte. Der Geizhals dachte sofort an Diebe, die gekommen waren, um ihn zu berauben. Er ergriff seine Flinte und eilte hinunter.

Dort saß eine Jungfrau auf dem Boden und weinte. Sie hatte eine Kiste mit Gold mit bloßen Händen ausgegraben.

»Wer bist du?«, schrie der Bauer.

»Kennst du mich nimmer?« Die Maid nahm die Hände vom Gesicht und sah dem Bauern in die Augen. Dem Geizhals wurde ganz seltsam zumute. Das Mädchen kam ihm bekannt vor, und er erschauerte, als er seine Frau erkannte.

»Ich bin gekommen, um dich zu warnen: Jedes Stück Gold, das du vergräbst, macht deine Seele schwerer. Nur noch ein Stück, und deine Seele wird zu schwer, um in den Himmel aufzufahren!«

Der alte Bauer zitterte am ganzen Leib. Er trat auf den Geist zu, doch in diesem Augenblick verschwand die Erscheinung. Er besah sich den Boden. Der war glatt und unberührt, und sein Gold war sicher.

Als er wieder in der Stube saß, glaubte er beinahe, er habe alles nur geträumt. Doch da hörte er schon wieder ein Rumoren im Keller. Er eilte hinunter und sah einen Greis, der auf dem Boden kauerte und die zweite Kiste Gold ausgegraben hatte. Der Bauer erschauerte abermals, als er seinen Vater erkannte.

»Bub, ich bin gekommen, dich zu warnen: Jede gute Tat macht deine Seele leichter. Doch ich finde keine guten Taten. Wie will deine Seele in die Höhe steigen?« Dann verschwand der Geist.

Der Bauer bebte vor Angst. Der Boden war unberührt, doch er musste jetzt genau wissen, ob sein Gold noch da war. Er grub alle drei Kisten aus. Alle waren unberührt. Da saß er inmitten seines Goldes und dachte an die beiden Geister. Was hatten sie gesagt? Das Gold machte seine Seele schwer, und es gab keine guten Taten, die ihr hinaufhalfen? Der Bauer schüttelte den Kopf. Er betrachtete die vielen glänzenden Münzen. Auch wenn er Angst hatte – er wollte sich nicht von seinem Schatz trennen.

Aus den drei Gruben, in denen das Gold vergraben war, begann Dampf emporzusteigen. Der Dampf verdichtete sich und zog sich zu einer Gestalt zusammen, mit Hörnern und rot funkelnden Augen. Da sprang der Bauer auf und lief, so schnell er nur konnte, die Stiege hinauf. »Der Teufel ist hier!«, schrie er.

Die Knechte und Mägde liefen zusammen und dachten, der alte Bauer sei verrückt geworden.

In dieser Nacht schlief der alte Bauer kaum. Immer wieder dachte er an die drei Erscheinungen. Schließlich verstand er, dass der Teufel wirklich im Keller war – das vergrabene ergeizte Gold, das war der Teufel. Da wurde dem Bauer mit einem Mal ganz leicht ums Herz, weil er wusste, wie man den Teufel wieder austreiben könnte.

Am folgenden Tag versammelte er alle Mägde und Knechte und sprach: »Von heut' an wird sich etwas ändern!« Die Mägde zitterten, und die Knechte murrten leise. Doch der Bauer lächelte und wünschte ihnen allen ein frohes Christfest und schenkte jedem von ihnen ein Goldstück. Da zitterten und murrten sie nicht mehr.

Von dem Tag an war der Hof ein anderer, und der Bauer wurde nur noch der Glückbauer geheißen – weil er, wohin er ging, Gutes tat und Glück brachte und weil das Glück bei ihm war.

So hütet's Euch vor Geiz und Gold,
Die Seele trägt zu schwer daran.
Die gute Tat zieht Glück heran,
So hat's der Herr gewollt.

Ritual

Kehraus

Kehren Sie mit einem Besen alle Zimmer in der Wohnung oder im Haus. Kehren Sie alles »Dunkle« und alle negativen Energien aus Ihrem Zuhause – vor allem aus den Ecken. Die Fenster sollten dabei weit geöffnet sein. Reinigen Sie die Zimmer achtsam und entspannt – denken Sie daran, dass es hier um ein Ritual geht und nicht darum, perfekt sauber zu machen. Wenn es für Sie passt, können Sie dabei innerlich folgende alte Formel wiederholen: »Glück zieht herein, Pech zieht hinaus.«

Ritual

Abschied im Feuer

Um sich von Belastendem zu befreien, brauchen Sie jetzt drei kleine Notizzettel, Streichhölzer und eine große, feuerfeste Schale.
Machen Sie es sich bequem, und schließen Sie die Augen. Überlegen Sie, was Sie bisher daran gehindert hat, glücklich zu sein oder Ihre Herzensziele zu erreichen. Was würden Sie gerne loslassen und endgültig abschließen? Gehen Sie das vergangene Jahr innerlich noch einmal im Geiste durch.
Öffnen Sie jetzt die Augen. Listen Sie auf jedem der drei Notizzettel bis zu drei Dinge auf, von denen Sie sich symbolisch ver

abschieden wollen. Zu diesen Dingen können schädliche Gewohnheiten, belastende Charakterzüge oder schwierige Beziehungen gehören. Versuchen Sie, diese möglichst auf den Punkt zu bringen. (Statt »Ich esse immer zu viele Süßigkeiten« sollten Sie beispielsweise lieber nur »Gier« schreiben.) Zu den belastenden Dingen können etwa Wut, Neid, mangelnde Zuneigung für Sie selbst, Sorgen um die Zukunft, Intoleranz, Unruhe, Alkoholkonsum, Trägheit und unzählige andere gehören. Denken Sie jedoch nicht zu viel nach – schreiben Sie einfach auf, was Ihnen spontan in den Sinn kommt.

Stellen Sie die feuerfeste Schale vor sich auf dem Boden oder Tisch auf eine feuerfeste Unterlage. Legen Sie die Zettelchen in die Schale. Zünden Sie das Papier an. (Natürlich sollten Sie darauf achten, dass die Schale groß genug ist und genügend Abstand zu brennbaren Gegenständen eingehalten wird!)

Schauen Sie entspannt in die Flamme, und sprechen Sie innerlich mehrmals folgende Sätze: »Ich entlasse ... (meine Wut, meine Angst ...) jetzt aus meinem Leben. Ich lasse das Alte los und öffne mich für das Neue, was kommen mag.«

Sobald das Feuer verloschen ist, schließen Sie noch einmal kurz die Augen. Nehmen Sie sich etwas Zeit, innerlich wieder zur Ruhe zu kommen.

BAUERNREGELN FÜR DEN 25. DEZEMBER

»Scheint am 25. Dezember die Sonne,
bringt sie fürs Neue Jahr Glück und Wonne.«

»Ist es Weihnachten kalt, ist kurz der Winter,
das Frühjahr kommt bald.«

EINIGE RAUHNACHTBRÄUCHE UND -REGELN

✦ *Frauen und Kinder sollten nach Einbruch der Dunkelheit im Haus bleiben.*

✦ *Jede Rauhnacht steht mit einem Monat des folgenden Jahres in Verbindung – die erste Rauhnacht mit dem Januar, die zweite mit dem Februar und so weiter. Jetzt ist es wichtig, auf seine Träume zu achten. Was man in der ersten Rauhnacht träumt, gibt Hinweise auf das, was im Januar geschehen wird, die Träume der zweiten Rauhnacht hängen mit dem Februar des nächsten Jahres zusammen und so fort.*

✦ *Die Stuben und Ställe werden mit Weihrauch geräuchert und mit Weihwasser gesegnet. (Verwenden Sie heute keine Mischung, sondern reines Weihrauchharz.)*

*Was immer du erwirbst,
erwirbst du nur
in der Stille,
und göttlich ist nur,
was im Schweigen
geworden ist.*
Søren Kierkegaard

26. Dezember

Rauhnacht

Still werden

In der Zeit der Rauhnächte haben wir immer wieder die Gelegenheit, tief in unser eigenes Inneres einzutauchen. Nicht umsonst werden die Rauhnächte mancherorts heute noch als »Innernächte« bezeichnet.

Manchmal ist es gar nicht leicht, Ruhe zu finden. Gerade Menschen, die in der Stadt leben, können ein Lied davon singen. Doch die Stille, um die es hier geht, ist eine innere Stille. Die wahre Stille ist nicht auf die Abwesenheit von Geräuschen angewiesen – wir können sie auch inmitten äußeren Lärms erfahren. In den Rauhnächten fällt es den meisten Menschen leichter, sich zu besinnen und in sich selbst einen Ruhepol zu finden. Wir sind jetzt eher bereit, uns mit unseren Sehnsüchten und verborgenen Möglichkeiten zu beschäftigen, die wir im Getriebe des Alltags so leicht aus den Augen verlieren.

Wichtiger als alles äußere Tun ist dabei jedoch immer die innere Ausrichtung – die Bereitschaft und Offenheit, sich einzulassen, in diese Stille hineinzulauschen, ihr nachzuspüren und sie auf besinnliche Weise zu erleben.

Die »staade Zeit« und die Stille der Weihnachtszeit entstehen nicht automatisch. Wir müssen unseren Teil dazu beitragen. Eine Möglichkeit besteht darin, dass wir bewusst in die Wirklichkeit der geistigen Welt eintauchen und um Hilfe und Schutz bitten. Doch ebenso wichtig ist es, dass wir unseren Geist aus der Gefangenschaft seiner alltäglichen Denkgewohnheiten befreien und all unsere Sorgen, unser Planen und Grübeln einmal ganz in den Hintergrund rücken. Durch die Ausrichtung auf das, was jenseits allen Lärms liegt, kann dann das »ganz Andere« im Vordergrund erscheinen, und die Magie der Rauhnächte wird mit einem Mal greif- und begreifbar.

Meditation
In die Stille lauschen

Die Meditation eignet sich gut für die frühen Morgen- oder die späten Abendstunden. Noch besser wäre es natürlich, sie mitten in der Nacht durchzuführen. Die Stille der Winternächte verbreitet eine ganz besondere Atmosphäre, und gerade in den dunkelsten Stunden können innere Erfahrungen sehr beeindruckend sein.

❄ Ziehen Sie sich an einen ruhigen Platz zurück. Wenn möglich, sollten Sie sich in die Natur, beispielsweise in den verschneiten Wald begeben.

❄ Falls Sie das Ritual zu Hause durchführen wollen, so schalten Sie alle äußeren Lärmquellen so gut wie möglich ab.

❄ Zu Hause können Sie sich für die Übung aufrecht hinsetzen. Wenn Sie in der Natur sind, dann üben Sie an einem abgeschiedenen Platz im Stehen. Schließen Sie die Augen, und kommen Sie innerlich zur Ruhe. Entspannen Sie Ihren Körper, so gut es Ihnen im Augenblick möglich ist. Achten Sie vor allem darauf, die Schultern und das Gesicht locker zu lassen und aufrecht zu stehen oder zu sitzen. Lassen Sie Ihren Atem allmählich tiefer und weicher werden.

✴ Richten Sie Ihre Aufmerksamkeit nun ganz auf die Welt der Klänge und Geräusche: Was nehmen Sie in diesem Augenblick wahr? Hören Sie Naturgeräusche – vielleicht den Wind, einen Bach, ein Rascheln oder Tiergeräusche? Hören Sie Laute, die aus dem Haus kommen? Gibt es Verkehrsgeräusche wie vorbeifahrende Busse? Können Sie Hunde bellen hören, oder dringt entferntes Glockengeläut an Ihr Ohr?

✴ Lassen Sie alle Klänge, die im Moment auftauchen, einfach zu sich kommen. Suchen Sie nicht angespannt nach Geräuschen, sondern lassen Sie geschehen, was geschieht. Heißen Sie die Klänge willkommen, ganz gleich, ob sie angenehm oder unangenehm sind. Lassen Sie alle Klänge einfach durch Ihr Bewusstsein wehen, so wie der Wind durch die Blätter eines Baums streicht.

✴ Wenden Sie sich nun den »inneren Geräuschen« zu. Gibt es bestimmte Gedanken oder Gefühle, die in Ihnen Lärm erzeugen? Gerade Ängste, Sorgen oder auch Pläne und Hoffnungen können mitunter sehr »laut« werden. Hören Sie den inneren Geräuschen ebenso gelassen zu wie den äußeren.

✴ Versuchen Sie nun, noch etwas tiefer zu lauschen. Können Sie »hinter den Geräuschen« die Stille wahrnehmen?

❋ Beenden Sie die Meditation, indem Sie sich auf Ihre Körperhaltung konzentrieren, und wenn Sie so weit sind, öffnen Sie die Augen.

Sobald Sie wieder zu Hause sind – sofern Sie nicht ohnehin daheim geübt haben –, sollten Sie sich einige Fragen notieren: Gelingt es mir, alle äußeren und inneren Klänge durch mich hindurchziehen zu lassen, ohne Widerstand zu erzeugen? Oder fällt es mir schwer, Geräusche wahrzunehmen, ohne sie danach zu bewerten, ob sie »gut« oder »schlecht«, »angenehm« oder »unangenehm« sind?
Wie erfahre ich Stille im Körper, und wie erfahre ich sie in meinem Geist oder meinen Gefühlen?
Kann ich Stille inmitten äußeren Lärms erfahren? Macht mir Stille eher Angst? Was hindert mich daran, noch tiefer in die Stille einzutauchen?
Sie müssen diese Fragen nicht alle jetzt gleich beantworten, nehmen Sie sie an den folgenden Tagen oder Abenden immer wieder einmal zur Hand. Antworten Sie ganz spontan aus dem Bauch heraus, ohne lange nachzudenken. Es ist gut möglich, dass Ihnen dieses Ritual dabei hilft, auch im Alltag von Zeit zu Zeit in die Stille einzutauchen.

Märchen
Der Dummkopf und die goldenen Steine

Vor langer Zeit lebte eine arme Witwe. Alles, was sie hatte, waren eine Ziege und ihr Sohn Hans, der so einfältig war, dass er nichts vermochte, außer in den Himmel zu schauen und die Wolken zu zählen.

Eines kalten Wintertages sollte er Feuerholz holen. Doch als es immer stärker zu schneien begann, rannte er geschwind nach Hause, da er keinen Mantel trug. Als die Mutter sah, dass ihr Sohn ohne Feuerholz nach Hause gekommen war, schalt sie ihn aus, warf ihm einen dicken Mantel um und schickte ihn sogleich wieder in den Wald.

Auf seinem Weg kam Hans an einem mannshohen, verwitterten Baumstumpf vorbei, der ganz mit Schnee bedeckt war, sodass er wie ein alter Mann aussah, der dort im Schnee stand. Hans grüßte ihn höflich, doch der Baumstumpf gab keine Antwort. »Armer Alter!«, sagte Hans. »Wie schrecklich du frieren musst – hier nimm meinen Mantel.« Und mit diesen Worten zog er den Mantel aus und warf ihn über den Stamm. Daraufhin ging Hans zu seiner Mutter zurück.

»Wo hast du das Holz?«, fragte sie.

»Das habe ich vergessen, aber da stand ein alter Mann im Schnee, dem habe ich meinen Mantel geschenkt.«

»Was fällt dir ein, du Narr! Du gehst sofort hin und holst ihn wieder!« Und mit diesen Worten nahm die Mutter den Besen und scheuchte Hans wieder aus dem Haus. Dann weinte sie, weil sie einen solchen Dummkopf zum Sohn hatte.

Hans rannte zu der Stelle, an der er den alten Mann zurückgelassen hatte. Inzwischen aber hatte der Wind den Mantel auf den Boden mitten in den Schnee geweht. Da überkam Hans ein großer Zorn. Er schrie den hölzernen Gesellen an: »Du Undankbarer – was hast du mit meinem Mantel gemacht!« Wutentbrannt gab Hans dem Baumstumpf einen kräftigen Stoß. So kräftig war er, dass der Baumstumpf aus dem Boden gerissen wurde und umfiel.

Bestürzt blickte Hans auf ihn herab – und wie der da so regungslos auf dem Boden lag, da glaubte er, dass er den alten Mann erschlagen habe. Hans begann zu schluchzen. Dicke Tränen rannen ihm über die Wangen. Er kniete sich auf den Boden und faltete die Hände: »Maria im Himmel hilf, und mach ihn wieder lebendig.« Mit einem Mal hörte Hans ein merkwürdiges Sausen, das ihm wie himmlische Musik erschien. Da öffnete er die Augen und sah, dass es kein Mensch, sondern nur ein Baumstumpf war, der im Schnee vor ihm lag. Hans dankte Marien für das Wunder.

Als er sich noch einmal umdrehte, sah Hans an der Stelle, wo die Wurzel die Erde aufgerissen hatte, etwas funkeln. Er bückte sich und entdeckte kleine glänzende Steine. Er klopfte seinen Mantel ab, sammelte die Steinchen auf, steckte sie in seine Manteltaschen und ging nach Hause.

Als Hans die Stube betrat, leerte er seine Taschen aus und legte die Steine auf den Tisch. »Was hast du da mitgebracht?«, fragte seine Mutter.

»Nur glänzende Steinchen«, antwortete Hans und erzählte ihr die ganze Geschichte.

Als sich die Mutter die Steinchen genauer ansah, erkannte sie, dass sie aus reinem Gold waren. Da umarmte die Mutter den Sohn und verstand, dass das Glück auch einem Dummkopf hold ist, wenn er nur ein gutes Herz hat.

Fortan lebten sie glücklich und zufrieden.

....

BAUERNREGELN FÜR DEN 26. DEZEMBER

»Scheint am Stephanstag die Sonne, so gerät
der Flachs zur Wonne.«

....

»Kommt weiße Weihnacht, ist der Winter lang und hart.«

....

»Windstill muss St. Stephan sein,
soll der nächste Wein gedeih'n.«

....

Räuchermischung

Die Räuchermischung für die zweite Rauhnacht hat eine beruhigende Wirkung. Sie hilft dabei, in die Stille zu gehen, und regt zugleich die Vorstellungskraft an. Sie besteht aus

* 1 Teil Weihrauch
* 2 Teilen Zedernholz

Auf Seite 38ff. finden Sie alles, was Sie für die Durchführung eines Räucherrituals wissen müssen. Wenn Sie gemeinsam mit anderen räuchern, dann achten Sie darauf, dass während der Zeremonie geschwiegen wird.

*Wie oft soll es gesagt werden,
dass wir von Wundern
umgeben sind, insofern wir
Geistesgröße genug haben,
sie zu erfassen ...*

Achim von Arnim

27. Dezember

3

Rauhnacht

Sich öffnen

Der Trubel der Weihnachtsfestlichkeiten liegt inzwischen hinter Ihnen, vermutlich sind die meisten Gäste wieder aufgebrochen. Falls Sie an Weihnachten noch keine Gelegenheit dazu hatten, dann wird es jetzt höchste Zeit, sich wirklich einmal ganz um sich selbst zu kümmern.

Viele Sagen künden davon, dass das Tor zur geistigen Welt in den Rauhnächten weit geöffnet ist. Der Kontakt zu Geistern sowie zu den Seelen der Verstorbenen kann für viele in dieser Zeit zu einer ergreifenden Erfahrung werden. Allerdings können wir das, was jenseits des Sichtbaren und Alltäglichen liegt, nur dann sehen, wenn wir uns bereitwillig dafür öffnen.

Lenken Sie Ihre Aufmerksamkeit dazu ganz nach innen und weg von der Oberfläche, deren Reize uns gewöhnlich ganz in ihren Bann ziehen. Warten Sie ab. Lassen Sie sich vom Leben überraschen. Ganz gleich, ob Sie heute Menschen oder Tieren begegnen oder ob bekannte oder unbekannte Stimmungen, Bilder, Erinnerungen oder andere Gedanken in Ihnen auftauchen – urteilen Sie nicht zu schnell.

Fragen Sie sich, was sich hinter Ihren Erfahrungen verbergen könnte, erweitern Sie Ihren Blickwinkel. Jeder Besucher, ob es nun ein Vogel im Garten oder ein Nachbar ist, kann möglicher-

weise auf etwas Wichtiges hindeuten. Ebenso könnten ein Anruf, ein Brief oder Himmelsphänomene Zeichen sein, die Ihnen etwas sagen wollen. Wenn beispielsweise ein Besucher unerklärliche unangenehme Gefühle bei Ihnen auslöst, ist das vielleicht ein Hinweis darauf, dass Sie gegenüber diesem Menschen etwas vorsichtig sein sollten. Wenn Sie eine Sternschnuppe oder einen ungewöhnlichen Vogel sehen und ein Gefühl der Freude in Ihrem Herzen auftaucht, lassen Sie die Freude in sich ein, und freuen Sie sich! Vertrauen Sie Ihrer Intuition. Sie weiß, was Ihnen durch die Vorzeichen mitgeteilt werden soll.

Bleiben Sie offen, damit Ihr alltägliches Bewusstsein die Dinge heute nicht zu schnell in die üblichen Schubladen steckt. Auf diese Weise können Sie lernen, die Zeichen richtig zu deuten, und Kontakt zur geistigen Welt aufnehmen.

Meditation
Was ist jetzt?

✳ Setzen Sie sich aufrecht und entspannt auf einen Stuhl oder auf den Boden. Schließen Sie die Augen, lassen Sie Ihren Atem und Ihre Gedanken zur Ruhe kommen.

✳ Öffnen Sie sich nun nach einigen Atemzügen ganz für den gegenwärtigen Augenblick. Stellen Sie sich innerlich die Frage: »Was ist jetzt? Was passiert gerade? Was kann ich in genau diesem Moment wahrnehmen?«

✳ Versuchen Sie nicht, nach bestimmten Erfahrungen zu suchen, sondern registrieren Sie nur, wo Ihre Aufmerksamkeit ganz natürlich hinfließt. Dies kann etwa eine Körperempfindung sein – kalte Füße, ein Jucken am Rücken, das Gefühl von Spannungen oder auch von Entspannung. Vielleicht ist da plötzlich ein Geräusch, das Ihre Aufmerksamkeit gerade fesselt. Oder es tauchen bestimmte Gedanken, Erinnerungen oder Pläne in Ihrem Bewusstsein auf.

✳ Was immer Sie gerade wahrnehmen: Akzeptieren Sie es, lassen Sie es ganz und gar zu, und versuchen Sie nicht, etwas zu verändern. Taucht ein unangenehmes Gefühl in Ihnen auf? Das ist in Ordnung – schauen Sie es sich einfach an, ohne es zu verdrängen, ohne es festzuhalten und sich hineinzuvertiefen. Und wenn angenehme Gedanken, Gefühle oder Körperempfindungen auftreten, ist das natürlich ebenso in Ordnung. Versuchen Sie, nichts festzuhalten.

✳ Offen für den Moment sein – das ist alles.

✳ Richten Sie Ihre Aufmerksamkeit nach einigen Minuten wieder auf Ihre Körperhaltung. Nehmen Sie sich noch zwei bis drei Atemzüge Zeit, bevor Sie die Augen wieder öffnen.

BAUERNREGEL FÜR DEN 27. DEZEMBER
»Hat der Evangelist Johannes Eis,
dann macht es der Täufer Johannes (24. Juni) heiß.«

Ritual

Das Ahnentischchen

Stellen Sie ein kleines Tischchen auf, um der Verstorbenen zu gedenken. Auf diese Weise öffnen Sie Ihren Geist für die Wirklichkeit, die jenseits der Zeit liegt. Nehmen Sie Verbindung zu allen Menschen auf, die von Ihnen gegangen sind. Ob das direkte Familienangehörige oder Freunde sind, ist dabei unwichtig.

In einigen Gegenden Süddeutschlands und Österreichs wurde das Gedenken an die Verstorbenen in den Rauhnächten früher sehr ausgiebig zelebriert. Dort wurden ganze Räume geschmückt, Kerzen aufgestellt, Speisen bereitgestellt und sogar das Bett frisch bezogen, um die Seelen der Verstorbenen willkommen zu heißen.

Eine einfache Variante ist das Ahnentischchen: Legen Sie eine schöne Tischdecke auf einen kleinen Tisch, und schmücken Sie diesen mit Tannenzweigen, Moos, Rindenstückchen, Tannenzapfen, Kristallen oder mit Äpfeln, Nüssen, Trockenfrüchten und Weihnachtsplätzchen. Lassen Sie Ihrer Kreativität freien Lauf. Stellen Sie dann für jeden Verstorbenen, mit dem Sie sich verbunden fühlen, eine kleine Kerze oder ein Teelicht auf.

Nehmen Sie sich immer wieder etwas Zeit, um sich an das Tischchen zu setzen. Tun Sie dabei gar nichts. Schweigen Sie, spüren Sie Ihren Atem, und lauschen Sie in die Stille hinein. Vielleicht tauchen Erinnerungen an die verstorbenen Menschen auf, die in Ihrem Herzen weiterleben. Öffnen Sie sich für alles, was passieren mag, und achten Sie dabei vor allem auf die Gefühle, die Sie dabei wahrnehmen können.

WISSENSWERTES ZUM THEMA

»Wilde Jagd«

Die »Wilde Jagd« gehört zu den bekanntesten Geschichten der Rauhnächte. Der Glaube daran wurzelt in der germanischen Mythologie und geht womöglich sogar auf vorgermanische Totenkulte zurück. Besondere Erscheinungen am Nachthimmel, wie die Aurora borealis, die in der Zeit der Rauhnächte besonders gut beobachtet werden können, wurden damals als Jagdgesellschaft aus Geistern und Dämonen verstanden. Während die »Wilde Jagd« für gewöhnlich hoch oben durch die Lüfte zieht, kommt sie in den Rauhnächten auf die Erde hernieder.

Die »Wilde Jagd« wird in Skandinavien auch als »Odins Jagd« oder »Fahrt nach Asgard« bezeichnet. Unter ohrenbetäubendem Brausen reitet der nordische Göttervater Odin (oder Wotan) auf seinem achtbeinigen Schimmel zum Schlachtfeld – im Gefolge eine Schar von furchterregenden Kriegern, schwarzen Hunden und Wölfen.

Manchmal ist Odin der Anführer der Wilden Jagd, manchmal Frau Holle oder die Berchta. Die Unterscheidung ist schwierig, da diese Sagengestalten ineinanderfließen oder aber gleichberechtigt auftauchen. In einigen Sagen ist es auch Berchtold, der »Schimmelreiter«. Der »Wilde Jäger« trägt noch viele andere Namen, etwa »Nachtjäger« oder

»Weltjäger«. Das ist von Landstrich zu Landstrich sehr unterschiedlich. Im Tross des Heeres befinden sich die unterschiedlichsten Sagengestalten, wie der Riese Abfalter, das Hahnengickerl oder der Rabe. Dem heranziehenden Geisterzug voraus reitet in vielen Überlieferungen der »Treue Eckart«, um die Menschen mit dem Ausruf:»Ho ho ho! Aus dem Weg!« vor den herannahenden Schicksalsmächten zu warnen.

»*Daz wöden her*« (das wütende Heer) ist aber ohnehin unüberhörbar: In orkanartigen Winterstürmen, lautem Brausen, Tosen, Johlen und Peitschenknallen kündigt sich die Urgewalt an. Doch zuweilen wird auch von himmlischer Musik, von Flöten- und Sphärenklängen berichtet, die immer dann zu hören sind, wenn das Totenheer dem Menschen wohlgesonnen ist. Denn die Geister der Wilden Jagd – die unerlösten Seelen der Verstorbenen – können beides sein: gnadenlos und furchterregend oder auch mitfühlend und freundlich. Dass das »Wilde Gjoad« ums Haus zieht, muss also nicht gleich Unglück bedeuten. Zwar sorgt das Geisterheer für Gerechtigkeit und Ausgleich, weshalb Menschen, die große Schuld auf ihren Schultern tragen, in dieser Zeit besonders gefährdet sind. Doch bringt die Wilde Jagd auch Fruchtbarkeit und eine gute Ernte. Hier kommen wieder die polaren Kräfte der Rauhnächte zum Ausdruck, die sich auch in den Perchtenläufen widerspiegeln (siehe Seite 168ff.).

WISSENSWERTES

BRÄUCHE RUND UM DIE WILDE JAGD

Am besten begegnet man dem Fremden und den Schreckge-
spenstern in dieser Zeit, indem man offen bleibt. Es ist sinnlos,
sich zu wehren, und doch sollten wir uns nicht ängstigen. Offen
zu sein bedeutet, dass wir die Geister willkommen heißen und sie
akzeptieren, sie dann wieder loslassen und uns von ihnen verabschieden. Um sich vor den Gefahren der Wilden Jagd zu schützen,
pflegt man traditionell folgende Verhaltensregeln zu beachten:

- Während der Wilden Jagd, wenn es also draußen stürmt,
soll man im Haus bleiben und sich ruhig verhalten.

- Wer auf freier Flur von der Wilden Jagd überrascht wird, soll
sich flach auf den Boden werfen und Hände und Füße kreuzwei-
se übereinanderlegen, so wird er nicht zu Schaden kommen.

- Wenn in den Zwölften Wotan mit seinem wilden Heer her-
anzieht, sollen alle Türen und Fenster in Haus und Hof gut
verschlossen bleiben.

- Als Opfer für den Geisterzug werden Speisen vor die Fenster oder unter die Obstbäume gelegt, wovon man sich auch eine
gute Ernte im nächsten Jahr verspricht. Zu den typischen
Gaben zählen Brot, Kuchen, Fleisch, Milch und Bohnen. Auch
Tabak, Schnaps und Geldmünzen helfen, böse Geister zu
beschwichtigen.

Räuchermischung

Räuchern Sie heute nach Möglichkeit besonders ausgiebig, und zwar alle Räume, in denen Sie sich regelmäßig aufhalten. Früher sagte man während des Räucherns leise folgenden Spruch auf, den man sehr oft wiederholte: »Glück ins Haus, Unglück hinaus.«

Auf den Seiten 82ff. und 103ff. finden Sie zahlreiche Anregungen für die Durchführung eines Räucherrituals. Bedenken Sie, dass Sie dafür nur sehr kleine Pflanzenmengen brauchen. Die Räuchermischung für die dritte Rauhnacht hat eine schützende und zugleich geistig aktivierende Wirkung. Sie besteht aus

* 3 Teilen Wacholderbeeren
* 1 Teil Wacholderspitzen
* 1 Teil Weihrauch

Märchen
Die Wilde Jagd und das Bierfass

In manchen Rauhnächten zieht Frau Holla mit ihrem schwarzen Heer über die Felder. Grau wird dann der Himmel, und wie ein Wirbelwind fegt der Sturm so heftig über den Wald, dass selbst die stärksten Äste wie Zweige zerbrechen. Der Treue Eckart, der dem Geisterzug vorausreitet, warnt die Menschen, in den Häusern zu bleiben. »Ho ho ho! Aus dem Weg! Die Hulle zieht über Wald und Steg!«

Es war nun wieder einmal so eine Rauhnacht gekommen, und Feld und Wald lagen einsam da, denn niemand wagte es, seinen Hof zu verlassen. Drei Bauernburschen jedoch waren voller Übermut und erboten sich gerade in dieser Nacht, ein Fass Bier aus einer weit entfernten Schenke zu holen. Die Alten warnten sie, doch die Jungen zogen singend los, kamen auch heil in der Schenke an und erstanden das Fass. In der Schenke tranken sie noch für den Heimweg, und es war schon dunkel, als sie sich auf den Weg nach Hause machten. Als sie mit ihrem Wägelchen auf der Hälfte des Waldweges angelangt waren, hörten sie auf einmal lautes Johlen und Schreien, dass ihnen die Ohren nur so klangen. Rote Blitze erschienen am Himmel, und die ganze Erde bebte unter ihren Füßen. Zu spät vernahmen sie Eckarts »Ho ho ho! Aus dem Weg! Die Hulle zieht über Wald und Steg!« Sie sahen das Wilde Totenheer auf sich zujagen.

Als der Geisterzug immer näher stürmte, übermannte die Burschen große Furcht. Sie ließen Wagen samt Bierfass stehen und flüchteten sich in einen nahen Wacholderbusch. In dem Busch aber wohnte eine weiße Hexe, die den dreien wohlgesonnen war; die sprach: »Bleibt ihr ganz

ruhig und stille und tief im Busch, dann wird euch nichts passieren.« Als die Geister der Wilden Jagd das Bier entdeckten, da kamen sie aus den Lüften auf die Erde herabgeflogen. Die unheimlichen Gesellen nahmen die Kannen und zechten munter drauflos. Die Burschen aber blieben ganz still und beobachteten das Geschehen voller Entsetzen. Was würden ihre Leute sagen, wenn sie ohne Bier und ohne Geld, aber mit zerrissenen Hosen nach Hause kamen?

Als das Fass bis auf den letzten Tropfen geleert war und die Geister sich bereits in die Luft erhoben hatten, da trat der Treue Eckart zu dem Busch hin und sprach: »Ihr denket wohl, ich sähe euch nicht ... Dass ihr kein Wort gesprochen und im Busch geblieben seid, das riet euch Gott. Hätte die Wilde Jagd euch entdeckt, dann hätten sie euch die Hälse umgedreht. Also gehet heim, doch sprecht kein Wort von dem, was ihr vernommen habt. So wird euer Fass immer voll bleiben, und es wird euch auch sonst nie an etwas fehlen.«

Als die Burschen wieder nach Hause kamen, war ihr Bierfass wie durch ein Wunder wieder voll. Eingedenk der Warnung des Treuen Eckart erzählten sie nichts von ihrer finsteren Begegnung im Wald. Wann immer sie in den Keller gingen, um Bier zu schöpfen, war das Fass bis an den Rand gefüllt, ganz gleich, wie viel zuvor schon daraus geschöpft worden war.

Nach sieben Tagen aber, da konnte einer der Burschen nicht länger an sich halten. Er erzählte der Magd von der Sache. Die Magd erzählte es dem Knecht und dieser dem Bauern. Von diesem Tage an aber war es vorbei mit dem Segen. So kommt es, wenn man übermütig ist, klugen Rat in den Wind schlägt und den Mund nicht halten kann: Das Fass versiegte und wurde nie mehr von Geisterhand aufgefüllt.

Wer Vertrauen hat,
 erlebt jeden Tag
Wunder.

Epikur

28. Dezember

Rauhnacht

4

Seiner inneren Weisheit vertrauen

Die vierte Rauhnacht steht mit dem Monat April in Verbindung. Sicher kennen Sie die wohl bekannteste Bauernregel: »April, April, der macht, was er will.« Im April ist das Wetter derart wechselhaft, dass niemand weiß, wie es am nächsten Tag sein wird. Doch was in der vierten Rauhnacht und im April im Kleinen passiert, versinnbildlicht auf höherer Ebene die »Launenhaftigkeit« des Lebens. Denn auch unser Leben macht im Grunde stets, was es will. Und leider werden wir niemals nach unserer Meinung dazu gefragt.

Gewinn und Verlust, Freude und Trauer, Gesundheit und Krankheit, Erfolg und Misserfolg – sie alle wechseln einander in unvorhersehbarer, scheinbar willkürlicher Weise ab, und eines ist dabei sicher: Wir haben keine große Wahl. Sicher – durch unser Handeln können wir viel Schaden von uns abwenden und so manchen Fehler vermeiden. Ob uns das Schicksal jedoch gnädig ist oder nicht, das entzieht sich vollkommen unserer Kontrolle. Selbst wenn wir uns sehr vernünftig verhalten, uns beispielsweise gesund ernähren, mitfühlend sind und ein ethisch einwandfreies Leben führen, können wir nichts dagegen tun, dass wir vielleicht geliebte Menschen verlieren, Naturkatastrophen erleben oder finanzielle Probleme bekommen. Wir können nicht verhindern, dass wir krank werden, dass wir altern und irgendwann sterben müssen.

Die Rauhnächte sind eine Zeit tiefgreifender innerer Verwandlungen. Die »Neugeburt«, die wir dabei erfahren können, macht uns zwar nicht immun gegen die vielen Prüfungen des Lebens, doch sie kann Kräfte in uns nähren, die uns stärken und uns befähigen, unser Schicksal zu meistern. In der Stille der Rauhnächte können wir an die Quelle unserer Seelenkraft zurückkehren. Das, was passiert, können wir natürlich nicht ändern – sehr wohl aber die Art und Weise, wie wir damit umgehen.

Ganz gleich, ob wir nun von Gelassenheit, Seelenruhe oder Gottverbundenheit sprechen – der Weg, der in die Freiheit führt, besteht darin, seiner inneren Weisheit zu folgen. Und dafür brauchen wir keinen äußeren Führer. Wenn es darum geht, glücklicher, gelassener, achtsamer und feinfühliger zu werden, dann kommt es einzig darauf an, dass wir uns selbst vertrauen. Und gerade in den Rauhnächten sollten wir uns für diese Möglichkeit öffnen. Keine andere Zeit eignet sich nämlich besser, der Weisheit des eigenen Herzens zu folgen, als die »Zeit zwischen den Jahren«.

Märchen
Anton und die sprechenden Pferde

In einer Rauhnacht ist der Anton vom Niedermeier-Hof allein zu Hause geblieben. Und weil seine Eltern immer gesagt haben, dass das Vieh in den Zwölften reden könne, will der junge Bursche es einmal genau wissen. Das alte Gebot, nach dem Räuchern nicht mehr in den Stall zu gehen, missachtet er und schleicht sich leise die Leiter zum Heuboden hinauf. Dort entfernt er ein loses Brett aus dem Boden und lauscht, ob die Pferde wirklich sprechen können. Schon gleich darauf hört er, wie ein Ross zum anderen sagt: »Dieses Jahr wird es ein schlimmes Ende nehmen.«
»Na! Wieso denn das?« fragt das andere. »Weil wir den Sohn vom Bauern, den Anton, in der Trauerkutsche zum Friedhof fahren müssen.«
Als Anton das hört, springt er auf, fängt an zu schreien und zu wüten: »Na warte, du Klappergaul. So schnell kriegst du mich nicht dran! Euch verkauf ich auf der Stelle – aber vorher bekommt ihr noch eine ordentliche Tracht Prügel!« *Und damit reißt er tobend ein Brett nach dem anderen aus dem Boden heraus. Mit einem Mal aber verliert Anton das Gleichgewicht, stürzt vom Heuboden auf den Futterbarren und bricht sich das Genick. Und so haben die Pferde ihn kurz darauf wirklich zum Friedhof ziehen müssen.*

Die Macht der Rituale

In den Rauhnächten bietet es sich an, neben Meditationen oder Orakeln auch Rituale durchzuführen. Eine für diese Zeit typische Form des Rituals sind Räucherungen mit Weihrauch und anderen duftenden Substanzen. Doch was sind Rituale überhaupt?

Grundsätzlich sind Rituale feierliche, achtsam durchgeführte Handlungen, die nach bestimmten Regeln ablaufen. Es ist dabei gleichgültig, ob es sich um bestehende Regeln (wie etwa beim Gottesdienst) oder um selbst aufgestellte handelt. Wichtig ist jedoch, dass man die Regeln des jeweiligen Rituals strikt befolgt und die entsprechende Reihenfolge der Handlungen einhält.

Die Rituale, die in den Rauhnächten durchgeführt werden, haben ihre Wurzeln teilweise im alten Volksglauben, in Sagen und Mythen. Über die Generationen wurden sie stark verändert, und je nach Region werden Rauhnachtzeremonien sehr unterschiedlich begangen. Heute besteht die Herausforderung darin, nach eigenen Wegen zu suchen und dabei unsere ganz eigene Form von Ritualen zu finden, die zu unserem Wesen und unseren Bedürfnissen passt.

Rituale helfen dabei, Alltagsgewohnheiten zu durchbrechen. Im Gegensatz zu der oft sehr oberflächlichen Routine des Alltags geht es im Ritual darum, durch eine symbolhafte Handlung etwas Größeres zum Ausdruck zu bringen. Durch das Ritual verbinden wir uns mit einer höheren Sphäre, ganz gleich, ob es uns dabei um den Kontakt zur Geisterwelt, zu unserem höheren Selbst oder zum Göttlichen geht. Alle Rituale, die in den Rauhnächten ausgeführt werden, sollten einen spirituellen Charakter haben.

Wenn Sie ein Ritual wie zum Beispiel eine Räucherung oder eine Nachtwanderung durchführen, sollten Sie dies immer würdevoll und in einer feierlichen Stimmung tun. Das heißt vor allem, dass Sie sich Ihres Tuns voll und ganz bewusst sind oder, anders gesagt, dass Sie achtsam und gesammelt handeln. Versuchen Sie außerdem, sich so weit wie möglich von Sorgen, Ängsten oder problembeladenen Gedanken zu befreien. Das klingt schwerer, als es ist: Allein schon dadurch, dass Sie sich Zeit für das Ritual nehmen und es gesammelt und in Ruhe durchführen, wird sich dies auch reinigend auf Ihre Gedanken und Gefühle auswirken.

Zu guter Letzt sollten Sie bedenken, dass Rituale erst durch die Wiederholung zu Ritualen werden. Es ist also gar nicht wichtig, dass von Anfang an »alles klappt«. Wichtig ist nur, überhaupt einmal zu beginnen und ein Ritual konsequent mehrmals durchzuführen, wenn es einem anfangs noch nicht gleich in Fleisch und Blut übergeht.

WISSENSWERTES

Ritual
Ein Räucherzeremoniell

Über die allgemeinen Vorbereitungen und Verhaltensregeln bei Räucherzeremonien haben wir bereits gesprochen (siehe Seiten 38ff.). Jetzt möchte ich Ihnen in etwas detaillierterer Form zeigen, wie ein Räucherritual konkret aussehen kann. Bedenken Sie jedoch, dass das folgende Ritual nur ein Vorschlag ist. Scheuen Sie sich also nicht, das Ganze so abzuwandeln, wie es für Ihre Zwecke sinnvoll ist.

Legen Sie alle Utensilien bereit – Kohle, Zündhölzer, das Räucherwerk und eine Räucherschale. Da Sie die Schale durch ver-

schiedene Zimmer tragen werden, ist es sinnvoll, eine Schale zu wählen, die an Ketten hängt und hin und her gependelt werden kann. Auch Schalen mit Füßen oder Metallpfannen mit Stiel können gut angefasst werden, ohne sich dabei die Finger zu verbrennen. Legen Sie alle Räucherutensilien in der Nähe Ihrer Haustür bereit. Denn das Abschreiten der Räume und des Grundstücks beginnt an der Haus- oder Wohnungstür, entweder im Haus oder draußen vor der Türe. Alle Fenster sollten vorsorglich schon vorher gekippt und die Türen geöffnet sein. Für die Räuchermischung verwenden Sie

2 Teile Weihrauch
2 Teile Myrrhe
1 Teil Tanne

❋ Stellen oder setzen Sie sich vor Ihre Räucherschale. (Die Kohle darf jetzt noch nicht angezündet werden.) Legen Sie die Handflächen wie zum Gebet vor der Brust aneinander – die Finger zeigen nach oben. Schließen Sie die Augen. Atmen Sie dann zwölfmal entspannt durch die Nase ein und aus. Das Ausatmen sollte dabei etwas länger sein als das Einatmen.

❋ Öffnen Sie die Augen wieder, und entzünden Sie die Kohle. Sobald die Kohle glüht, geben Sie etwas von Ihrer Räuchermischung darauf. Warten Sie, bis sich ein aromatischer Rauch bildet. Nehmen Sie nun die Räucherschale (fassen Sie sie nur an den Teilen an, die nicht heiß werden können, oder schützen Sie

Ihre Hände durch Topflappen), und schreiten Sie alle Räume Ihrer Wohnung oder Ihres Hauses ab. Beginnen Sie im Keller, dann folgt das Erdgeschoss, schließlich der erste Stock usw. Bewegen Sie sich immer im Uhrzeigersinn durch die Zimmer. Gehen Sie langsam, und legen Sie, wenn nötig, etwas Räucherwerk nach.

Wohin zieht es Sie? Gibt es Stellen in Ihrer Wohnung, in denen Sie länger verweilen wollen? Dann folgen Sie Ihrer inneren Stimme. Nehmen Sie sich genug Zeit, die Räume von belastenden und schädigenden Energien zu reinigen.

✻ Beenden Sie das Ritual wieder an Ihrer Haustüre. Stellen Sie die Schale ab, schließen Sie die Augen, falten Sie die Hände vor der Brust, und danken Sie allen Wesen, mit denen Sie sich verbunden fühlen – Ihrer Familie, Ihren Freunden und Bekannten –, und erweitern Sie den Kreis derer, an die Sie mitfühlend denken, um jene Menschen, die neben, über oder unter Ihnen leben – in den Nachbarhäusern, dem ganzen Dorf, der ganzen Stadt ...

✻ Falls Sie das Ritual gemeinsam mit anderen durchgeführt haben, können Sie einen Kreis bilden und sich an den Händen fassen. Und wenn Sie möchten, können Sie Segenswünsche für die Wohnung und die Menschen aussprechen, die diesen Augenblick mit Ihnen teilen.

BAUERNREGELN FÜR DEN 28. DEZEMBER

»Sitzen die unschuldigen Kindlein in der Kälte,
vergeht der Frost nicht in Bälde.«

»Schneit's an unschuldige Kindl,
fährt der Januar in die Schindel.«

EINIGE RAUHNACHTBRÄUCHE UND -REGELN

Fremden Tieren soll man in den Zwölften nicht trauen. Oft nehmen Hexen und Dämonen deren Gestalt an, um sich unbemerkt in Haus, Hof und Stall einzuschleichen. Bekreuzigt man sich dreimal vor ihnen, ist man aber vor ihnen geschützt.

In den Zwölften können die Tiere sprechen, doch man soll sie dabei nicht absichtlich belauschen.

Während der Rauhnächte darf kein Mist ausgetragen werden, dann wird das Vieh während des folgenden Jahres nicht krank werden.

*Tu deinem Leib
etwas Gutes,
damit deine Seele
Lust hat,
darin zu wohnen.*
Teresa von Ávila

Rauhnacht

5

Den Körper heiligen

Heute möchte ich Sie dazu einladen, die spirituelle Dimension Ihres Körpers zu erkunden und ihn gut zu pflegen. Gerade im Winter fällt dies oft nicht leicht. Schließlich ist es in den dunklen Tagen viel verführerischer, am warmen Ofen zu sitzen und sich mit Süßem zu verwöhnen, als hinaus in die Kälte zu gehen. Doch genau das sollten wir tun. Denn ebenso wie im Sommer braucht unser Körper auch in der kalten Jahreszeit Bewegung. Im Winter ist es oft noch wichtiger, seine Lebenskräfte durch körperliche Aktivität anzuregen, als in Zeiten, in denen wir uns ohnehin gerne bewegen.

Noch vor wenigen Generationen waren die meisten Menschen in der Landwirtschaft und im Handwerk tätig. So kamen sie kaum in die Verlegenheit, den Winter über in körperlicher Untätigkeit zu verharren. Doch heute sieht das ganz anders aus:

Die Wege zwischen Bürostuhl, Autositz und dem heimischen Sofa sind kurz, und entsprechend leiden Körper und Seele oft unter chronischer Bewegungslosigkeit. Denn Körper und Seele bilden eine Einheit, und wer den einen Pol vernachlässigt, vernachlässigt damit zugleich den anderen.

In den Rauhnächten haben Heilkräuter und naturheilkundliche Anwendungen eine sehr starke Wirkung. Jetzt können wir uns besonders gut von Altlasten befreien. Auf körperlicher Ebene entstehen diese Altlasten zum Beispiel durch Bewegungsmangel und Ernährungsfehler und werden dabei zur Belastung für unsere Organe und unseren Organismus. Belastungen entstehen auch dann, wenn wir den Kontakt zu unserem Körper verlieren und uns zu wenig spüren. Bekanntlich lebt der Mensch nicht vom Brot allein: Selbst wenn wir noch so gesund leben, können wir unserem Körper Schaden zufügen. Wie ein Kind brauchen wir nicht nur Kleidung und Nahrung, sondern auch Zuwendung und Berührungen, braucht unser Körper, neben Bewegung und einer guten Ernährung, Mitgefühl und Zuwendung. Die Zeit zwischen den Jahren ist eine gute Zeit, um Mitgefühl für sich selbst zu entwickeln – und das schließt eine mitfühlende, freundliche Haltung dem eigenen Körper gegenüber ein.

In den Rauhnächten überwinden wir die Dunkelheit und treten in das Licht ein. Davon zeugen weibliche Sagengestalten und Göttinnen wie Frau Holle, Berchta oder Frigg (die Gemahlin Odins), die Fruchtbarkeit und Neugeburt symbolisieren. Die fünfte Rauhnacht steht mit dem Monat Mai in Verbindung – dem Wonnemonat, in dem das Leben wieder erblüht. Für einen Neubeginn ist es nie zu spät. Und es ist auch nie zu spät, dafür ein neues Körperbewusstsein zu entwickeln. Dieser Schritt lohnt sich auch im Hinblick auf unser spirituelles Wachstum, denn wenn wir achtsam handeln, kann unser Körper für uns zu einem Medium werden, das uns den Eintritt in die geistige Welt ermöglicht.

Auf seine Träume achten

Träume in der Rauhnacht sind etwas ganz Besonderes. Schon unsere Ahnen haben in der Zeit der Wolfsnächte sehr genau auf die Botschaften ihrer Träume geachtet. Was wir in der ersten Rauhnacht träumen – so heißt es – steht in enger Verbindung mit dem ersten Monat des nächsten Jahres. Die Träume der zweiten Rauhnacht geben Auskunft über den Februar, die der dritten über den März und so fort. Doch dies ist nur ein Aspekt, denn natürlich tragen die Träume in der Rauhnachtzeit noch viel weitreichendere Botschaften. Falls Sie sich an Ihren Traum erinnern können, sollten Sie intuitiv versuchen, die Bedeutung der Traumszenen zu erfassen. Achten Sie dabei vor allem darauf, was in Ihrem Traum passiert ist und wie Ihre Gefühle waren, denn die Gefühle geben uns Aufschluss über alles Wesentliche.

Fragen Sie sich auch, ob das, was Sie geträumt haben, möglicherweise einen Hinweis darauf gibt, was Sie in nächster Zeit tun und was Sie besser lassen sollten, wen Sie treffen und wen Sie meiden sollten usw. Auf Seite 114ff. finden Sie noch einige weitere Informationen zum Thema »Träume«.

Fantasiereise
Die Winterwanderung

Fantasiereisen nutzen die Einbildungskraft, um über das Erzeugen von Bildern eine tiefe Entspannung in Körper und Seele zu bewirken. Die Bilder, die Sie dabei vor Ihrem inneren Auge erzeugen, werden umso klarer und lebendiger werden, je öfter Sie Ihre Fähigkeit des aktiven Wachträumens durch Fantasiereisen schulen. Die Visualisierungen, die Sie dabei erzeugen, wirken nicht nur entspannend und wohltuend, sondern sie können Ihnen auch tiefe Erfahrungen bescheren. Ebenso wie Träume oder Märchen tragen Fantasiereisen dazu bei, in die geistige Welt einzutreten und Kontakt zu den Kräften der Natur und der eigenen Seele aufzunehmen.

Die folgende einfache Fantasiereise habe ich bewusst in der persönlicheren »Du«-Form beschrieben. Lesen Sie sie zunächst zweimal durch, um sich den Ablauf genau einzuprägen. Machen Sie es sich bequem, schließen Sie die Augen, und beginnen Sie dann mit der inneren Reise. Wenn Sie möchten, können Sie den Text natürlich auch laut lesen und mit einem Aufnahmegerät aufzeichnen und anschließend abspielen.

Du läufst über ein schneebedecktes Feld durch eine wundervolle Winterlandschaft. Es ist ein kalter Tag. Die Bäume und Sträucher sind mit Raureif bedeckt und sehen aus, als wären sie mit weißen Eis-

blumen übersät. Noch scheint die Sonne, doch in der Ferne ziehen bereits dunkle Wolken auf – ob sie neuen Schnee bringen werden? Dein Weg führt dich am Teich entlang, der mit einer dicken Eisschicht überfroren ist. Du erreichst den kleinen Pfad, der dich immer tiefer in den Wald hineinführt. Während du weitergehst, spürst du, wie es langsam kälter wird. Die Sonne verschwindet hinter den Wolken, und ein eiskalter Wind zieht auf. Nach einer Weile siehst du in der Tiefe des Waldes ein merkwürdiges, goldenes Glitzern zwischen den Bäumen. Der goldene Glanz zieht dich magisch an. Du verlässt den Pfad und gehst langsam in den Wald hinein. Unter deinen Stiefeln knirscht der Schnee. Der ganze Wald funkelt, als wäre er mit Diamantenpulver bestäubt.

Immer stürmischer wird der Wind und rauscht in den knarzenden Ästen und Zweigen. Die Wolken hängen jetzt ganz tief, und mit einem Mal beginnt es wie aus dem Nichts zu schneien. Inmitten des Schneetreibens wird dir bewusst, dass du dich verlaufen hast. Doch merkwürdig: Du empfindest keinerlei Angst, denn auch wenn du den Weg nicht mehr sehen kannst, so fühlst du dich doch wie ein Teil des Waldes, so als wärest du nach einer langen Reise nach Hause zurückgekehrt.

Noch immer kannst du den lichten Glanz zwischen den Bäumen erkennen. Du folgst ihm, kommst an einer Gruppe von kleinen buschigen Tannen vorbei und gelangst auf eine schneebedeckte Lichtung.

Auf der Lichtung steht eine weiß gekleidete Frau. Was macht sie hier? Ob sie sich auch verlaufen hat? Du gehst langsam und zögernd auf sie zu. Als du ihr gegenüberstehst, nickt sie dir freundlich zu. Du schaust ihr ins Gesicht und erkennst, dass die Frau schon sehr alt sein muss. Ihre Haare sind so weiß wie der Schnee. Funkelnde Girlanden aus glitzernden Eiskristallen winden sich darin. Gütig lächelt sie dich aus strahlend blauen Augen an. Ohne ein Wort zu sagen, deutet sie mit der Hand auf einen Hügel, der sich hinter der Lichtung erstreckt.

Du gehst ein paar Schritte auf den Hügel zu und kannst ein flackerndes Licht erkennen. Als du dich wieder zu der Frau umdrehst, ist sie spurlos verschwunden. Du bleibst eine Weile stehen, und mit einem Mal weißt du, was du zu tun hast: Du gehst auf den Hügel zu und entdeckst einen Pfad, der dich bergauf führt. Langsam schreitest du den Hügel hinauf und erreichst schließlich eine kleine Hütte. Warmes Licht leuchtet aus den Fenstern. Du trittst an die Tür und klopfst an. Da entdeckst du, dass die Tür einen Spalt weit geöffnet ist. Da es still bleibt, trittst du zögernd ein. Die Hütte ist verlassen, und doch lodert ein Feuer im Kamin.

Du ziehst den nassen Mantel und die Stiefel aus und betrittst die Stube. Vor dem Kamin liegt ein großes Fell auf dem Boden. Du setzt dich auf das Fell und legst dir eine dicke Wolldecke über die Schultern. Und während du so dasitzt, erfährst du plötzlich eine tiefe Stille in dir. Du weißt, dass es jetzt nichts mehr zu tun gibt, dass dein Ziel erreicht ist. Während dein Körper sich langsam aufwärmt und entspannt, schaust du in die Flammen, hörst das Knistern im Kamin und atmest den aromatischen Duft des Holzes ein. Du genießt diesen Augenblick der Stille mit allen Sinnen. Du lauschst den Klängen nach, die dich umgeben, und öffnest dich ganz für den Zauber des gegenwärtigen Augenblicks ...

HEILANWENDUNGEN

Die Rauhnächte sind nicht nur heilige, sondern auch heilende Nächte. Die Wirkung von Heilanwendungen aller Art ist heute besonders positiv. Nutzen Sie das, um Ihren Körper zu pflegen und ihm heilende Kräfte zu schenken.

Führen Sie Ihrem Körper jetzt genug Wärme zu. Äußerlich durch warme Kleidung, Bäder, Massagen oder Sauna- und Dampfbadbesuche, innerlich durch heiße Getränke und Suppen sowie körperliche Aktivitäten. Lange Spaziergänge eignen sich ebenso wie die meisten Wintersportarten, um den Stoffwechsel zu aktivieren und die Lebenskräfte anzuregen.

Führen Sie bei Bedarf Inhalationen mit Meersalz, Kamillenblüten oder Bockshornkleesamen durch.

Kräutertees wie Holunderblüten-, Lindenblüten-, Hagebutten-, Brombeerblätter- oder Thymiantee bringen Sie jetzt gut durch die dunklen Tage.

Auch homöopathische Mittel sind in den Rauhnächten besonders wirkungsvoll.

Orakel
Eine Zwiebel befragen

Eine seit Jahrhunderten überlieferte Form der Wetterprophezeiung ist das Zwiebelorakel. Um herauszufinden, wie das Wetter im nächsten Jahr werden wird, soll man in einer Rauhnacht eine große Zwiebel der Länge nach in der Mitte durchschneiden. Aus jeder Hälfte nimmt man sechs Näpfe beziehungsweise Schälchen, also insgesamt zwölf. Diese legt man in einer Reihe auf ein Brett und bestreut die Näpfchen jeweils mit etwas Salz. Der Reihe nach repräsentiert das erste Zwiebelnäpfchen den Januar, das zweite den Februar und so weiter.

Am nächsten Morgen sieht man nach, in welchen Zwiebelnäpfchen das Salz nass geworden ist. Je nachdem, wie das Salz in den Näpfen beschaffen ist, ist in den entsprechenden Monaten mit nasser, feuchter oder trockener Witterung zu rechnen.

Orakel
Die Rauhnächte und das Wetter

Das Wetter des nächsten Jahres lässt sich auch direkt über das Wetter in den Rauhnächten vorhersagen. In den Zwölften – so heißt es im alten Volksglauben – wird der Wetterkalender fürs ganze Jahr gemacht. So wie das Wetter in den zwölf Rauhnächten ist, so wird es also auch in den zwölf Monaten des neuen Jahres sein, wobei die erste Rauhnacht wieder dem Januar, die zweite dem Februar entspricht und so weiter.

Nicht den Tod
sollte man fürchten,
sondern dass man nie
beginnen wird,
zu leben.

Marc Aurel

30. Dezember

6

Rauhnacht

Die Gefühle umarmen

Während der Rauhnächte können wir unseren Gefühlen viel Raum geben und sollten das auch tun. Die Besinnlichkeit der Weihnachtstage, die stille Schönheit der Natur im Winter, die schaurigen Gestalten der Perchtenläufe, die Hexen und Dämonen, aber auch die Einsichten, die wir über Orakel oder Träume gewinnen können – sie alle regen unser Gefühlsleben auf unterschiedliche Weise an, wecken Emotionen und schaffen intensive Stimmungen. Durch Märchen, Rituale und alte Bräuche treten wir in eine Welt ein, die uns üblicherweise nicht so leicht zugänglich ist – in die Sphäre der Geister, der Träume und der Fantasie und damit in die weite Welt unserer verborgensten Gefühle.

Die Herausforderung, der wir uns jetzt stellen sollten, besteht darin, unsere Gefühle zu »umarmen«. Gefühle kommen und gehen; sie sind ein wichtiger Teil von uns und Ausdruck unserer Lebendigkeit. Und doch haben viele Menschen ein Problem damit, ihre Gefühle anzunehmen und auszudrücken. Natürlich fällt es leicht, angenehme Gefühle wie Freude, Zuversicht oder Liebe zu akzeptieren, doch bei unangenehmen Gefühlen wie Trauer, Wut oder Angst ist das schon wesentlich schwieriger. Der Umgang mit Emotionen hängt immer stark von der jeweiligen Kultur ab, in der Menschen aufwachsen. Und in unserer Kultur gibt es recht klare Vorstellungen darüber, was positive (und damit erlaubte) und was negative (und somit unerwünschte) Emotionen sind. Doch an sich sind Gefühle einfach nur Gefühle. Sie sind die Sprache unseres Herzens, und unser Herz spricht aus, was es empfindet – ganz gleich, ob das nun angenehm ist oder nicht. Wenn wir offen, achtsam und mitfühlend sind, können wir lernen, unsere Gefühle als das anzunehmen, was sie sind – als Ausdruck unserer gegenwärtigen Erfahrungen und als körperlich-seelische Reaktionen, die uns viel über uns selbst verraten.

Ein »unerwünschtes« Gefühl, das die Rauhnächte manchmal begleiten kann, ist Angst. Denn in den Rauhnächten befassen wir uns unbewusst oft mit unangenehmen Themen – mit dem Tod, der Vergänglichkeit und unserem eigenen Schatten.
In der Dunkelheit verlieren wir die Kontrolle. Wir können die vertrauten Dinge nicht mehr sehen. Im Dunkeln lauert das Unbekannte, und das macht uns Angst. Letztlich gründet die Angst, die Kontrolle zu verlieren, in der Angst vor dem Tod. Und gerade in den Zwölften wird diese Angst oft spürbar.

Ebenso wie die Angst vor dem Fremden spiegelte sich früher die Angst vor extremen Wetterbedingungen – vor Frost und Winterstürmen – in den furchterregenden Gestalten der Wilden Jagd, dem von Odin angeführten Geisterheer, das um die Häuser zieht. Hexen und Dämonen bedrohten den Menschen und konfrontierten ihn mit dem Thema Tod. Und wie seit vielen Generationen werden Geschichten und Sagen von Druden, Nebelfrauen, Werwölfen und Luzifer gerade während der Rauhnächte erzählt.

Unsere innere Ordnung gerät jetzt leicht außer Kontrolle. Möglich, dass uns in dieser Zeit Ängste und Sorgen plagen oder dass trübe Gedanken unseren Geist verdunkeln. Wenn das bei Ihnen auch so ist, dann sollte es Sie jedoch nicht beunruhigen. Beobachten Sie einfach, was für Gefühle auftauchen, wie intensiv sie sind und wie lange sie anhalten. Geben Sie ihnen die Möglichkeit, an die Oberfläche Ihres Bewusstseins zu kommen – und wenn es dann so weit ist, lassen Sie sie wieder los.

Meditation
Seinen Gefühlen trauen

✳ Nehmen Sie sich mindestens zehn Minuten Zeit, in der Sie ungestört sind. Setzen Sie sich aufrecht und entspannt auf einen Stuhl oder auf den Boden, und schließen Sie die Augen. Richten Sie Ihre Achtsamkeit auf die Atembewegung in Ihrem Bauch – auf die Bauchdecke, die sich beim Einatmen leicht hebt und beim Ausatmen wieder senkt.

✳ Halten Sie den Körper ganz ruhig und regungslos. Nehmen Sie innerlich Kontakt zu Ihrem Körper auf, indem Sie die Aufmerksamkeit darauf lenken, wie Ihr Körper sich jetzt gerade anfühlt. Falls Sie Anspannungen in Ihrem Körper spüren, dann geben Sie diese mit dem Ausatmen ab. Achten Sie darauf, dass Ihre Augen, Ihre Gesichts- und Kiefermuskeln entspannt und die Schultern, Arme und Hände locker sind.

✳ Lenken Sie die Aufmerksamkeit jetzt ganz auf Ihre Gefühle. Gibt es Gefühle, die Sie im Moment wahrnehmen können? Sind es eher angenehme oder unangenehme Stimmungen, die auftreten? Oder können Sie klare Gefühle wie Trauer, Zorn, Angst oder Heiterkeit, Freude, Wärme oder Geborgenheit wahrnehmen?

✳ Falls Sie kein besonderes Gefühl ausmachen können, dann lenken Sie die Achtsamkeit wieder auf die Atembewegung. Wann immer jedoch ein Gefühl auftaucht, sollten Sie es kurz in der folgenden neutralen Weise benennen: »Da ist Angst«, »Ungeduld taucht auf«, »Da ist Frieden« oder »Freude taucht auf«. Vermeiden Sie »Ich-Sätze«. Sagen Sie also beispielsweise nicht »Ich bin traurig«, sondern »Da ist Trauer«. Beobachten Sie das Kommen und Gehen Ihrer Gefühle, ohne sich mit ihnen zu identifizieren.

✳ Sie können noch einen Schritt weitergehen: Wenn Sie bestimmte Gefühle wahrnehmen, dann achten Sie darauf, wie sich das jeweilige Gefühl in Ihrem Körper auswirkt. Wenn Sie zum Beispiel Unruhe spüren – wo genau in Ihrem Körper können Sie die Unruhe erfahren? Gibt es einen Bereich, der sich angespannt, kribbelig oder blockiert anfühlt? Beobachten Sie einfach nur, wo in Ihrem Körper das Gefühl »sitzt«, ohne etwas zu verändern.

✳ Bleiben Sie einige Zeit dabei, Ihre Gefühle zu beobachten. Zwischendurch können Sie immer wieder bewusst zu Ihrem Atem zurückkehren. Richten Sie Ihre Aufmerksamkeit darauf, ob bestimmte Gefühle oder Stimmungen in Ihnen auftauchen.

✳ Beenden Sie die Übung dann langsam, indem Sie wieder in Ihrem Körper ankommen. Spüren Sie die Haltung Ihres Körpers und seine Schwere. Atmen Sie dreimal tief durch, und öffnen Sie wieder die Augen.

EINIGE RAUHNACHTBRÄUCHE UND -REGELN

❧ *Begegnet man in den Rauhnächten fremden Menschen, so können diese Begegnungen eine Bedeutung für die Zukunft haben.*

❧ *»Scherben bringen Glück« – in den Rauhnächten gilt dieses Sprichwort nicht. Wenn Gegenstände herunterfallen und zerbrechen, kann das darauf hindeuten, dass eine Trennung bevorsteht. Dies gilt umso mehr, wenn es sich um wertvolle Gegenstände wie Vasen oder Porzellangeschirr handelt.*

❧ *Zu den Orten, denen magische Kräfte zugesprochen werden, gehören Wegkreuzungen, insbesondere wenn diese in Wäldern liegen. Unverheiratete Frauen begeben sich in der Rauhnacht um Mitternacht an eine Wegkreuzung, um dort ihrem zukünftigen Bräutigam zu begegnen.*

WISSENSWERTES ZUM THEMA

Räuchern

Zu den ältesten traditionellen Handlungen der Rauhnacht-zeit gehört das Räuchern. Die Rauhnächte, in denen seit jeher besonders häufig geräuchert wurde, waren die Weih-nachtstage sowie der 31. Dezember und der 5. Januar: Prinzi-piell lädt aber jede Rauhnacht dazu ein, Räucherzeremo-nien durchzuführen.

»Die zwölff naecht zwischen Weihenacht und Heyligen drey Künig tag ist kein hauß das nit all tag weiroch rauch in yr her-berge mache für alle teüfel gespens und zauberey.« (Sebastian Franck, 1534)

Seit vielen Jahrhunderten wird das Räuchern als Schutz-ritual gegen Dämonen eingesetzt. Aus Angst und Ehrfurcht räucherte man früher nicht nur das Haus, sondern auch Hof und Viehställe mit aromatischen Substanzen, darunter Weihrauch, Myrrhe, Wacholder, Salbei oder Johanniskraut. Einerseits hatten Räucherungen einen ganz pragmatischen Grund, denn viele der Räuchersubstanzen wirken reini-gend, desinfizierend, beugen Krankheiten vor und vertrei-ben Ungeziefer. Andererseits repräsentiert das Verbrennen und Verglühen von duftenden Hölzern, Harzen und Kräutern das Feuerelement. Gerade in den kalten Wintertagen der Rauhnächte sehnen wir uns nach der Wärme des Feuers und nach Düften, die die Seele berühren.

Das Verbrennen von Weihrauch und anderen Räuchersubstanzen kommt seit Jahrtausenden in nahezu allen Kulturen in Form ritueller Zeremonien zur Anwendung. Der »geweihte Rauch« dient dabei als Mittler zwischen Menschen und Göttern und wird als Botschaft an die Götter ebenso eingesetzt wie als Schutz gegen böse Geister.

Seit mehr als 1400 Jahren ist Weihrauch fester Bestandteil der christlichen Messe und wird bei Prozessionen und Beerdigungen verbrannt. Eine besondere Bedeutung wird dem Weihrauch in der Weihnachtszeit zugewiesen. Während der Rauhnächte waren es nicht nur die Priester, sondern auch die Bauern oder Bäuerinnen, die die Stuben und die Ställe durch Räucherungen reinigten. In Räucherzeremonien werden oft Gebete gesprochen. Alle anwesenden Menschen und Tiere werden gesegnet, und dabei werden meist beschwörende Formeln gesprochen.

Weihrauchmischungen wirken ganz unterschiedlich. Neben der sakralen Bedeutung von Räucherungen, bei denen Kontakt zur Welt der Götter und Geister aufgenommen wird, gibt es auch ganz praktische Gründe, wie die Desinfektion von Krankenzimmern oder die Beseitigung unangenehmer Gerüche. Heute wissen wir, dass Weihrauchharz neben vielen anderen Inhaltsstoffen vor allem Boswelliasäuren enthält, die nachweislich antimikrobielle Eigenschaften haben und Entzündungen hemmen. In den Rauhnächten dienen Räucherungen dazu, Haus und Hof vor schädigenden Einflüssen zu schützen, die Verbindung zu den Ahnen wiederherzustellen oder magische Rituale zu gestalten. Doch das Räuchern hat noch viele weitere Vorteile. Durch Weihrauchmischungen können Sie

* die Meditation vertiefen
* Ihre Stimmung verbessern
* im Alltag Ruhe und Gelassenheit finden
* Ängsten, Sorgen und negativen Gedanken
  entgegenwirken
* Ihren Schlaf verbessern und den Kontakt
  zu Ihren Träumen vertiefen
* Schmerzen lindern

Beim Räuchern werden neben Harzen und Hölzern auch getrocknete Rinden, Kräuter und andere Pflanzenteile verbrannt. Die Auswahl an Räuchersubstanzen ist enorm – in den Rauhnächten kommen insbesondere die folgenden zur Anwendung:

* Weihrauch – energetisierend, schützt und reinigt, öffnet das Tor in die spirituelle Welt

WISSENSWERTES

* Wacholder – erhöht die Achtsamkeit, schützt vor schädigendem Einfluss
* Zeder – weckt die Kräfte der Fantasie
* Beifuß – kräftigt Körper und Seele
* Kieferharz – vertieft die Atmung und regt den Organismus an
* Tanne – weckt die Lebensfreude, schenkt Klarheit
* Weißer Salbei – beruhigt den Geist, wirkt reinigend
* Thymian – desinfiziert und reinigt
* Myrrhe – lässt negative Gefühle zur Ruhe kommen
* Kampfer – verbessert die Konzentration

Räuchermischung

Führen Sie heute nach Möglichkeit eine ausführliche Räucherzeremonie durch (siehe Seite 82ff.). Konzentrieren Sie sich auf die Räume, in denen Sie sich besonders häufig aufhalten, und vergessen Sie dabei nicht Ihr Schlafzimmer. Wenn Sie möchten, können Sie beim Abschreiten der Räume innerlich folgenden Satz wiederholen: »Mögen alle Bewohner und Gäste gesegnet sein. Möge alles Dunkle und Belastende weichen.«
Die Räuchermischung für die sechste Rauhnacht begünstigt die innere Einkehr und wirkt doch zugleich anregend auf Seele und Geist. Die Mischung besteht aus

* 2 Teile weißer Salbei
* 1 Teil Kampfer
* 1 Teil Kieferharz

*Der Ziellose
erleidet sein Schicksal –
der Zielbewusste
gestaltet es.*
        Immanuel Kant

31. Dezember

Rauhnacht

7

Seine Herzensziele entdecken

Die siebte Rauhnacht, die Silvesternacht, steht mit dem Monat Juli in Verbindung. Ihr Name geht auf den römischen Bischof Silvester zurück, dessen Todestag der 31. Dezember war. Üblicherweise ist dies eine Zeit, in der wir uns für das Du öffnen. Wir feiern mit Freunden oder der Familie, gehen vielleicht auf ein Fest und erfreuen uns am Silvesterfeuerwerk, das das Neue Jahr einleitet. Gemeinsam mit anderen den Jahreswechsel zu begehen ist ein schönes Gefühl, das verbindet. Doch bei alledem sollten wir nicht vergessen, unsere eigenen Ziele weiter zu verfolgen.

Der Jahreswechsel diente vor allem der inneren Einkehr. Es wurde geräuchert und gebetet. Um die Geister der Wilden Jagd zu besänftigen, wurden Opfer in Form von Brot, Milch oder Kuchen unter die Obstbäume gestellt. Neben den lautstarken

Ritualen des Böllerns und Schießens nutzte man den Tag, um mit sich selbst ins Reine zu kommen.

Dazu sollten wir eine Vorstellung davon haben, woher wir kommen und vor allem wohin wir wollen. Wohin führt uns unsere Reise? Wie soll es jetzt weitergehen? Für welche Ziele lohnt es sich, aktiv zu werden?

Nur wenn wir Ziele verfolgen, die uns eine Richtung im Leben geben, können wir glücklich werden. Und nur wenn diese Ziele wirklich aus der Tiefe unseres Herzens kommen, werden wir daran persönlich wie spirituell wachsen. Stellen Sie sich in den Rauhnächten daher immer wieder einmal die Frage, was Ihre Ziele sind: Was gibt es, was Sie noch erreichen wollen? Welche Dinge möchten Sie in Ihrem Leben verändern? Was sollten Sie jetzt in Angriff nehmen, um mehr Sinn und Erfüllung in Ihr Leben zu bringen?

Natürlich sollten Ziele realistisch und erreichbar sein. Doch Sie würden sich wundern, wie viele Dinge wir erreichen können, wenn unser innerer Kritiker uns nicht ständig den Wind aus den Segeln nimmt: »Das schaffe ich ja doch nie«, »Ja, aber ...«, »Andere können so etwas machen, aber ich doch nicht ...« – solche Sätze wirken wie Bremsklötze auf unsere Antriebskraft. Versuchen Sie, dieser Art von Selbstgesprächen keine Nahrung mehr zu geben. Jetzt ist die Zeit gekommen, in der Sie träumen und in Bildern schwelgen sollten. Überlassen Sie Ihren Träumen das Ruder. Fassen Sie Mut, Neues anzupacken, ohne sich von Ihrem inneren Kritiker vom Weg abbringen zu lassen.

EINIGE RAUHNACHTBRÄUCHE UND -REGELN

In den Rauhnächten sollte das Los befragt werden. In der Silvesternacht wird Blei gegossen und orakelt.

Während Lärm im Haus tabu ist, gibt es einige Rauhnächte, in denen im Freien Lärm gemacht wird. Durch Feuerwerk oder lautstarke Maskenläufe sollen die Dämonen vertrieben werden. In ganz Deutschland ist es Sitte, am Abend vor Neujahr zu böllern oder, wie es früher hieß, »das Neue Jahr anzuschießen«.

In Brandenburg war es früher der Brauch, einen dünnen Kuchenteig aus Mehl und Sirup in Form von Pferden zu backen (vermutlich zu Ehren Wotans). In der Uckermark wurde am Neujahrsabend »Pelz« – eine Art dünner, großer Pfannkuchen gebacken.

In den Rauhnächten ist es hilfreich, Kraftorte in der Natur aufzusuchen, um Einblick in die Zukunft zu erhalten.

Am Neujahrsabend soll man Grünkohl oder Weißkohl (auch in Form von Sauerkraut), Fisch oder Schwein essen – das bringt Glück fürs nächste Jahr.

Silvesterorakel

Bleigießen

Selbst Menschen, die noch nie etwas über Rauhnächte gehört haben und sich nicht für altes Brauchtum interessieren, lieben das Bleigießen. Diese heute so populäre Gesellschaftsbetätigung wurde bereits im alten Rom gepflegt. Bleigießen gehört zu einer der ältesten Formen der Wahrsagung.

Die Anwendung ist einfach: Über einer Kerzenflamme werden in einem langstieligen Löffel kleine Bleistückchen zum Schmelzen gebracht. Sobald das Blei flüssig wird, wird es in eine Schüssel mit kaltem Wasser gekippt, wo es schlagartig fest wird. Es entstehen dabei ungewöhnlich bizarre Formen. Sie können diese Formen oder auch den Schatten, den diese Figuren an die Wand werfen, im Hinblick auf die Chancen, Gefahren und Tendenzen des kommenden Jahres deuten. Die Formen können auch Qualitäten symbolisieren, die Sie nicht ins Neue Jahr mitnehmen sollten.

Bei der Deutung sollten Sie intuitiv vorgehen und Ihrer Fantasie viel Raum geben. Da es dabei vor allem um Ihre eigene Zukunft geht, sollten Sie nur Ihrem eigenen Gefühl glauben. Den Päckchen, die Silvesterblei enthalten, liegt oft ein »Deutungs-ABC« bei, das Ihnen helfen soll, den Sinn der Formen zu entschlüsseln. Es versteht sich nach dem bisher Gesagten, dass Sie nicht allzu viel auf solche Listen geben sollten.

Blei ist ein giftiges Schwermetall, das die Gesundheit dauerhaft schädigen kann. Das »Blei«, das man zum Bleigießen kauft, ist

heute allerdings das ungiftige Zinn. Wenn Sie jedoch mit echtem Blei gießen sollten, vermeiden Sie es unbedingt, die Bleidämpfe einzuatmen, und achten Sie darauf, dass vor allem Ihre Kinder keinesfalls mit dem Blei spielen. Eine ganz einfache Alternative zu Blei und Zinn ist wohlriechendes Bienenwachs.

WISSENSWERTES ZUM THEMA

Deutung von Träumen

Die Botschaften von Rauhnachtträumen sind von großer Bedeutung. Diese Träume gehen mit größerer Wahrscheinlichkeit in Erfüllung. Jede einzelne Rauhnacht soll mit dem entsprechenden Monat des folgenden Jahres in Verbindung stehen. Teilweise sind die Auslegungen sehr umständlich. So heißt es zum Beispiel, dass die Träume vor Mitternacht sich auf die erste Hälfte des jeweiligen Monats, die Träume nach Mitternacht sich hingegen auf die zweite Hälfte beziehen. Aber wer weiß beim Aufwachen schon noch, was er vor oder nach Mitternacht geträumt hat?

Worauf es ankommt, ist jedoch etwas ganz anderes: Wenn wir uns mit der Weisheit unserer Träume verbinden wollen, geht es vor allem darum, ihre Sprache zu verstehen. Ob es sich dabei nun um Botschaften aus der geistigen Welt handelt, wie Heilerinnen, Mystiker oder Priester das seit jeher behaupten, oder um den »Königsweg zum Unbewussten«, wie Sigmund Freud es ausdrückte, ist letztlich nur eine Frage der Interpretation.

Zu allen Zeiten und in allen Kulturen waren Menschen von der Traumwelt fasziniert. Träume verbinden uns mit den tieferen Ebenen unseres Seins – sie gehören zu unserer Persönlichkeit, wecken unsere Kreativität. Sie können gute Freunde und sogar Lehrer sein. Träume haben heilsame Wirkungen, und sie helfen Ihnen dabei, die richtigen Entscheidungen zu treffen und Gefahren zu erkennen, das gilt besonders für die Träume in den Zwölften. Also ist die richtige Deutung besonders wichtig.

Doch wie machen wir das? Reicht es, die Symbole unserer Träume zu entschlüsseln? Sollen wir uns lieber auf archetypische Traumgestalten konzentrieren, die unterdrückte Persönlichkeitsbereiche unseres Selbst repräsentieren und uns mit unserem Schatten konfrontieren? Oder sollten wir Träume vielmehr als göttliche Botschaften auffassen, die uns beraten oder warnen wollen?

Es gibt viele verschiedene Ansätze, die mehr oder weniger brauchbare Informationen darüber liefern, wie Träume zu deuten sind. Sie alle sind stark von der Persönlichkeit des Träumenden abhängig. Ein Psychoanalytiker erkennt in seinen Träumen vollkommen andere Botschaften als ein Schamane, und der wiederum kommt zu ganz anderen Einsichten als ein Bauer, der vor 200 Jahren einen Hof im Bayerischen Wald oder im Allgäu bewirtschaftet hat.

Wenn Sie herausfinden wollen, was Ihre Träume Ihnen sagen wollen, so sollten Sie sich auf die einzige Instanz verlassen, die darüber zuverlässig Auskunft geben kann: auf sich selbst! Niemand weiß so genau wie Sie, welche Probleme und Möglichkeiten Sie haben, vor was für Herausforderungen Sie stehen und wie der richtige Weg für Sie aussieht. Auch wenn Ihr Alltagsbewusstsein Ihnen auf diese Fragen vielleicht keine Antwort geben kann – tief in Ihrem Wesen kennen Sie die Antwort längst. Die Kunst besteht darin, in Kontakt zur inneren Quelle Ihrer Weisheit zu treten.

Im Folgenden finden Sie einige Anhaltspunkte, die Ihnen dabei helfen, die Botschaft Ihrer Träume zu entschlüsseln:

❋ Erzwingen Sie keine Deutung: Wenn Sie sich nicht an Ihre Träume erinnern oder der Inhalt sehr verwirrend ist, dann lassen Sie los. Es hat durchaus seinen Sinn, dass wir manche Träume nicht verstehen können, denn nicht immer sind wir für neue Erkenntnisse bereit.

❋ Bleiben Sie beim Naheliegenden: Was immer Ihnen spontan zu Ihren Träumen einfällt, sagt mehr aus als jedes Traumlexikon.

❋ Schauen Sie genau hin: Was ist in Ihrem Traum passiert? Wie war die Situation? Legen Sie weniger Wert auf einzelne Aspekte, sondern achten Sie insbesondere auf die Gesamtsituation.

❋ Die vielleicht wichtigste Frage lautet: Welche Gefühle haben Sie im Traum erlebt? Ihre Gefühle sagen mehr aus

WISSENSWERTES

als alle anderen Trauminhalte. Achten Sie auf Stimmungen wie beispielsweise Freude, Heiterkeit, Begeisterung oder Eifersucht, Ängste, Traurigkeit. Was sagen die Gefühle in Ihrem Traum über Ihr Leben oder möglicherweise auch über die Zukunft aus? Hat Ihr Traum Ihnen etwas über Ihre Wünsche, Sehnsüchte und Bedürfnisse verraten?

✳ Traumthema »Angst«: Falls Sie einen Albtraum hatten, wovor fürchteten Sie sich? War die Angst konkret – etwa vor einer Krankheit – oder eher diffus? Kamen Ängste hoch, die Ihnen im Alltag nicht bewusst werden?

✳ Traumthema »Fallen«: Das Fallen ist ein häufiges Traummotiv. Es kann darauf hinweisen, dass Sie Angst haben, »den Boden unter den Füßen zu verlieren«. Doch auch Unsicherheit, Zweifel und mangelndes Selbstvertrauen können sich in Träumen vom Fallen spiegeln.

✳ Traumthema »Fliegen«: Träume, in denen wir fliegen oder unter Wasser schweben, sind sehr eindrucksvoll. Sie können darauf hindeuten, dass uns der Alltag zu eng wird, dass wir zu enge Grenzen sprengen und unser Bewusstsein erweitern sollten. Flugträume können Lust auf Abenteuer und neue Erfahrungen zum Ausdruck bringen und werden oft mit sexuellen Sehnsüchten assoziiert.

WISSENSWERTES

✳ Traumthema »Flucht«: Während wir im Traum vor Verfolgern weglaufen, haben wir oft panische Angst um unser Leben. Wovor haben Sie Angst? Wovor laufen Sie wirklich weg? Gibt es Menschen, Aufgaben oder Probleme, denen Sie sich nicht stellen wollen? Oder könnte der Traum bedeuten, dass Sie sich scheuen, für etwas zu kämpfen und Ihr Leben selbst in die Hand zu nehmen?

✳ Traumthema »Kampf«: Flucht oder Kampf – beides sind elementare Reaktionen auf Bedrohungen. Ob wir im Traum verbal mit jemandem »kämpfen«, also streiten, oder handgreiflich werden – immer kann es sich dabei sowohl um äußere Konflikte im Beruf oder in der Familie wie auch um innere Konflikte handeln. Wann immer wir Bedürfnisse haben, die wir nicht nach außen oder vor uns selbst vertreten können, erzeugt das Spannungen. Kampfträume können uns dazu auffordern, uns unserer unbewussten Aggressionen bewusst zu werden oder uns mit der befreienden Energie unserer Wut zu verbinden.

Apropos »Wut«. »Odr« (altnordisch für »Wut«) war namensgebend für Odin (nordgermanisch) und Wutan (südgermanisch). Rauhnachtsagen über die »Wilde Jagd« oder das »wütende Heer« konfrontieren uns mit dem Aspekt der ungezügelten Wut, weisen aber zugleich auf deren reinigende und erneuernde Qualitäten hin.

WISSENSWERTES

❊ Traumthema »Tod«: Vom eigenen oder vom Tod geliebter Menschen zu träumen beunruhigt die meisten Menschen sehr. Doch gottlob sind diese Träume in den seltensten Fällen prophetisch. Meist signalisieren sie lediglich wichtige Entwicklungsschritte. Tod und Vergänglichkeit sind zentrale Themen der Rauhnächte: Das Alte muss sterben, damit das Neue ins Leben treten kann. Falls das Thema Tod in Ihren Träumen auftaucht, können Sie sich fragen, ob es etwas oder jemanden gibt, von dem Sie sich nun endgültig befreien sollten.

❊ Traumthema »Sexualität«: Träume, die erotische Inhalte haben, spiegeln meist unsere unerfüllten Bedürfnisse, aber auch Ängste wider. Es ist daher wichtig, zu hinterfragen, ob der Traum von angenehmen oder unangenehmen Gefühlen begleitet war. Bedrückende Erfahrungen mit unserer Sexualität können in Träumen Gefühle wie Angst, Ekel oder Scham wachrufen. Natürlich gibt es auch ekstatische Träume, in denen erotische Erfahrungen auf die Sehnsucht nach körperlicher Nähe und reizvollen Begegnungen hindeuten.

WISSENSWERTES

Typische Rauhnachtträume

Während der Rauhnächte kann es zu intensiven Albträumen kommen. In der germanischen Mythologie sind es die »Alben« (Elfen), die die Träume hervorrufen – menschenähnliche Wesen, die sich während der Nacht auf die Brust des Träumenden setzen und dort ein bedrückendes Gefühl verursachen. Im alten Volksglauben gibt es die Sage von der Drud, die in den Zwölften »ausgekommen« ist, sich nachts auf ihre Opfer setzt und ihnen böse Träume beschert. Außerdem erscheinen häufig andere Geister und Dämonen oder lichte Wesen wie Elfen und Engel in Rauhnachtträumen.

Neben diesen Geistern kann auch die Begegnung mit fremden Menschen oder Tieren im Traum einen starken Eindruck hinterlassen. Ebenso wie in Albträumen sollten wir versuchen, nicht zu fliehen, sondern den Kontakt mit ihnen zu suchen und herauszufinden, welche Botschaft der Traum enthält. Damit wir das jedoch während eines Traumes umsetzen können, sollten wir uns im Wachbewusstsein vornehmen, mit unseren Traumwesen zu kommunizieren, und zwar auch dann, wenn diese uns im ersten Moment ängstigen.

Mitunter treten in den Rauhnächten auch prophetische Träume auf; diese sind aber eher die Ausnahme als die Regel. Wenn Sie einen Traum mit einer klaren Botschaft bezüglich zukünftiger Ereignisse haben, werden Sie das jedoch sofort spüren, da diese Träume sehr unmissverständlich sind und sich nachhaltig auf unsere Stimmung auswirken.

Das Traumtagebuch

Während der Rauhnächte lohnt es sich besonders, ein Traumtagebuch zu führen. Allein schon die Absicht, das Geträumte aufzuschreiben, verbessert die Traumerinnerung oft enorm. Schreibend fällt es außerdem leichter zu erkennen, um welches Thema es geht.

Ein Traumtagebuch zu führen ist einfach. Der erste Schritt besteht darin, dass Sie sich wirklich vornehmen, sich am nächsten Morgen an die Träume der vergangenen Nacht zu erinnern. Der zweite, dass Sie sich einen Notizblock oder ein Tagebuch sowie einen Stift auf Ihr Nachtkästchen legen. (Manchen Menschen fällt es leichter, ein Diktiergerät zu benutzen und ihre Träume auf Band zu sprechen.)

Sobald Sie morgens aufwachen, sollten Sie noch eine Zeit lang still im Bett liegen bleiben. Atmen Sie ruhig und entspannt, und fragen Sie sich ganz konkret: »Was habe ich geträumt? Wo war ich gerade?«

Versuchen Sie dann, so viel wie möglich zu notieren. Dabei genügen ein paar Stichpunkte oder Traumfragmente. Achten Sie vor allem auf Gefühle und Stimmungen. Wenn Sie sich an bestimmte Bilder, Szenen oder Begegnungen erinnern, dann schreiben Sie alles schnell auf, ohne sich auf die Details zu konzentrieren. Grübeln Sie nicht zu lange nach: Spüren Sie Ihren Träumen eher fühlend als denkend nach, und prüfen Sie, ob interessante Botschaften für Sie darin verborgen sind.

*In dem Augenblick,
in dem man sich
einer Aufgabe ver-
schreibt, bewegt sich
die Vorsehung auch.
Alle möglichen Dinge,
die sonst nie
geschehen wären,
geschehen, um
einem zu helfen.*

Johann Wolfgang v. Goethe

1. Januar
Rauhnacht

8

Eine Entscheidung treffen

Heute ist der erste Tag des neuen Jahres. Eine Reise mit unendlich vielen Möglichkeiten beginnt. Und wie bei jeder Reise ist der erste Schritt dabei der entscheidende. Der 1. Januar – die achte Rauhnacht – ist der richtige Zeitpunkt, um alte Freunde zu treffen und einen Spaziergang in der Natur zu unternehmen. Traditionell hängt dieser Tag mit dem Thema »Glück« zusammen. Wir »verschenken« Glück in Form von Glückssymbolen, etwa vierblättrigen Kleeblättern, Marzipanschweinchen, Glückspfennigen oder Hufeisen, denen früher Zauberkräfte zugesprochen wurden und die noch heute schützend über die Haustüre gehängt werden. Am 1. Januar sollten wir uns darauf konzentrieren, positive Kräfte zu »versenden«, indem wir den anderen und uns selbst nur das Beste wünschen.

Bekanntlich ist jeder seines Glückes Schmied. Trotz aller äußeren Einflüsse, die wir weder verhindern noch bestimmen können, hängt unser Glück zum größten Teil von uns selbst ab – davon, wie wir handeln und was für Entscheidungen wir treffen. Kein Wunder also, dass viele Menschen regelmäßig darüber nachdenken, ob der Kurs, den sie eingeschlagen haben, noch der richtige ist. Gerade wenn das neue Jahr beginnt, fehlt es daher nicht an guten Vorsätzen: Wir wollen gesünder leben, wollen abnehmen, mehr Sport treiben oder mehr Zeit mit unserer Familie verbringen. Doch leider zeigt die Erfahrung immer wieder, dass gute Vorsätze allein nicht reichen, um etwas zu verändern. Meist haben wir sie nach wenigen Wochen schon wieder über Bord geworfen.

Damit wir unsere Ziele erreichen können, brauchen wir Motivation. Und die entsteht nur, wenn wir Entscheidungen treffen. Sie erfordern Kraft und Entschlossenheit. Eine echte Entscheidung zieht einen klaren Schlussstrich. Es genügt nicht zu sagen: »Ich sollte vielleicht am Wochenende mal weniger arbeiten«, denn das ist nur ein zögerlicher Vorsatz. Eine echte Entscheidung würde beispielsweise lauten: »Ich werde mir ab heute jeden Tag mindestens eine halbe Stunde nur für mich Zeit nehmen, um zu meditieren oder mich zu entspannen.«

Die Rauhnächte fordern uns dazu auf, Entscheidungen zu treffen, die unserer spirituellen Entwicklung dienen. Achten Sie darauf, dass Sie Ihre Herzensziele verfolgen. Nehmen Sie sich nicht zu viel vor. Gerade wenn es um gute Vorsätze geht, gilt, dass weniger oft mehr ist.

Räuchermischung

Auf den Seiten 82ff. finden Sie hilfreiche Anleitungen für die Durchführung eines Räucherrituals. Die Räuchermischung für den ersten Tag des neuen Jahres hat eine reinigende, stärkende und klärende Wirkung. Sie besteht aus

* 1 Teil Weihrauch
* 2 Teile Myrrhe
* 2 Teile Zeder

Räuchern Sie heute das ganze Haus oder die ganze Wohnung. Denken Sie daran, auch die Kellerräume, Schuppen oder die Garage mit der Räuchermischung zu reinigen.

Orakel

Die Zwölften sind seit jeher die Tage und Nächte, in denen man sich aus der äußeren Welt nach innen wendet, um das Los zu befragen und Einblick in zukünftige Ereignisse zu erlangen. In dieser Zeit sind wir für Botschaften aus der geistigen Welt besonders empfänglich. In den Sagen rund um die Rauhnächte wird von Menschen berichtet, die intensive Visionen hatten und die Fähigkeit besaßen, die Zeichen des Schicksals zu deuten.

Es ist kein Zufall, dass die Rauhnächte vielerorts auch als »Losnächte« bezeichnet werden. Das bayerische Wort »losen« (»lusen«) bedeutet »horchen« oder »lauschen«. Wir sprechen davon, dass jemand ein »schweres Los« hat, und der Begriff der »Lotterie« hat ebenfalls den gleichen Wortstamm.

Früher wurde das Los vor allem befragt, um Aufschluss über das Wetter und die Ernte des neuen Jahres zu bekommen. Später wurden Orakel zunehmend genutzt, um Antworten auf andere wesentliche Fragen zu erhalten – ob es dabei nun um Beziehungen, die eigene Gesundheit, mögliche Schicksalsschläge oder um etwaige Handlungsmöglichkeiten ging. Als Quelle der Weisheit wird in Orakeln stets eine höhere Instanz angerufen – das Göttliche, die Engel, Geister oder Ahnen.

Es gibt sehr unterschiedliche Arten von Orakeln. Zum einen sind da die Visionen und Träume, deren Bilder und Symbole von Seherinnen und Sehern gedeutet werden können. Auch Omen, Ahnungen oder Vorzeichen gehören zu dieser Art von Orakeln. Seherische Fähigkeiten werden allerdings auch beim Bleigießen oder Kaffeesatzlesen gebraucht.

Zu den beliebtesten Orakeln gehören das Pendel und die Tarotkarten. Durch diese Methoden lassen sich oft erstaunliche Einblicke in Probleme und deren Lösungen gewinnen, wobei die Art, wie die Fragen gestellt werden, entscheidend ist. Bei allen Orakeln geht es darum, die Ebene des rationalen Verstandes zu überschreiten und Kontakt zu einer höheren Weisheit aufzunehmen.

Worauf Sie achten sollten

Verlassen Sie sich beim Orakeln nie auf Ihren Verstand, sondern immer auf Ihre Intuition. Nehmen Sie sich viel Zeit dafür, herauszufinden, was Sie wirklich wissen wollen. Denn auf die richtigen Fragen kommt es an. Unklare Fragen führen zu diffusen Antworten. Fragen Sie also nicht zu allgemein, also nicht danach, was die Zukunft bringt, sondern konkret, welche spannenden Möglichkeiten beispielsweise auf Ihrem beruflichen Weg auf Sie warten.

Es ist grundsätzlich günstig, sich in allen Rauhnächten mit Orakeln zu beschäftigen, aber natürlich gilt auch hier: Machen Sie lieber weniger und das dafür intensiv. Bevor Sie das Los befragen, sollten Sie sich in einen meditativen Zustand versetzen, sich tief entspannen und geistig zur Ruhe kommen. Je weniger Ihr Bewusstsein von belastenden oder sorgenvollen Gedanken und Gefühlen getrübt wird, desto besser.

Bei Prophezeiungen geht es weder um Zauberei noch um Telepathie. Es geht auch nicht darum, die Zukunft vorherzusagen. Vielmehr ist es wichtig, sich darauf vorzubereiten, was passieren könnte, und darin Möglichkeiten und Chancen zu erkennen. Orakel haben viel mit der Magie der Gegenwart zu tun. Die Achtsamkeit im jetzigen Augenblick entscheidet darüber, ob Sie sich öffnen und wirklich lauschen, hinsehen und hinspüren können. Die Kunst besteht darin, mit den Erkenntniskräften unserer Seele in Verbindung zu treten. Wenn dies gelingt, fällt es leicht, die Zeichen richtig zu deuten und spontan Botschaften aus höheren Sphären zu empfangen.

Das Feuerorakel

Eine sehr einfache, alte Form des Orakels ist das Feuerorakel. Ideal wäre dabei natürlich, wenn Sie einen offenen Kamin hätten oder im Freien ein offenes Feuer entfachen. Allerdings reicht es genauso, wenn Sie einfach einige Kerzen vor sich auf den Tisch stellen.

Stellen Sie sich zunächst eine Frage. Zu welchem Bereich Ihres Lebens möchten Sie gerne mehr wissen? Wo ist es nötig, eine Entscheidung zu fällen, wo gibt es Probleme?

Setzen Sie sich nun vor das Feuer oder vor die Kerzen. Nehmen Sie eine entspannte Haltung ein, und schließen Sie die Augen.

Lassen Sie Ihren Atem zur Ruhe kommen, und leeren Sie Ihren Geist, so gut das gerade möglich ist. Bleiben Sie eine Zeit lang mit geschlossenen Augen sitzen; konzentrieren Sie sich dabei noch einmal auf Ihre Frage beziehungsweise Ihr Problem. Öffnen Sie nun die Augen, und blicken Sie entspannt in die Flammen. Vermeiden Sie es dabei, auf einen bestimmten Punkt zu starren – lassen Sie Ihren Blick stattdessen weich auf den Flammen ruhen, oder lassen Sie ihn frei herumschweifen, und wenn Sie blinzeln müssen, dann sollten Sie das natürlich einfach tun.

Was »sagen« Ihnen die Flammen? Können Sie vage Formen oder Bilder entdecken? Was passiert, wenn Sie noch tiefer schauen? Sind vielleicht Gesichter oder Gestalten zu erkennen? Oder wird durch das Feuer eine Qualität in Ihnen geweckt, wie etwa Kraft, Licht, Klarheit oder Reinheit? Tauchen belastende Gefühle auf, die Ihnen etwas sagen wollen? Oder vielleicht positive?

Erzwingen Sie nichts. Nehmen Sie einfach nur das auf, was in diesem Moment in den Fokus Ihrer Aufmerksamkeit rückt, was Sie im Augenblick spüren, erlauschen oder erkennen können.

Beenden Sie das Orakel, sobald Sie den Impuls dazu fühlen. Da viele Orakel oft umso aufschlussreicher werden, je öfter man sie durchführt, sollten Sie diese Methode nach einiger Zeit gegebenenfalls wiederholen.

Große Neujahrsbrezel

* 2 Hefewürfel
* 500 ml Vollmilch
* 1000 g Weizenmehl, Type 550
* 200 g Butter
* 200 g Rohrzucker
* 1 bis 2 TL geriebene Zitronenschale (unbehandelt)
* 4 Eier
* 1 Prise Salz

Die Milch leicht erwärmen und lauwarm mit der Hefe verrühren. Das Ganze gemeinsam mit dem Mehl, flüssiger Butter, Zucker, der Zitronenschale und zwei Eiern in einer großen Schüssel gründlich durchkneten und salzen. Den Teig mindestens 30 Minuten gehen lassen. Etwa ein Viertel des Teigs zur Seite legen und den übrigen Teig zu einer gut 100 cm langen Rolle und dann zu einer Brezel formen. Die Brezel auf ein mit Butter bestrichenes Blech legen. Aus dem restlichen Teig Ornamente formen, diese mit etwas Wasser bepinseln und auf die große Brezel kleben. Das Ganze weitere 20 Minuten gehen lassen und währenddessen den Ofen auf 150 Grad (Umluft) vorheizen. Die Brezel gleichmäßig mit dem gequirlten Eigelb der zwei weiteren Eier bestreichen und anschließend gut 30 Minuten lang bei 150 Grad Umluft goldgelb backen.

*Eine Versöhnung
ist keine, die das Herz
nicht ganz befreit.
Ein Tropfen Hass,
der in dem Freuden-
becher zurückbleibt,
macht den Segenstrank
zum Gifte.*

Friedrich Schiller

2. Januar

Rauhnacht

9

Verzeihen, versöhnen,
Frieden schließen

Die Zeit der Festlichkeiten ist vorbei – die Weihnachtstage und Silvester liegen hinter uns. Und doch befinden wir uns noch immer in der Phase der Rauhnächte. Spüren Sie die Magie dieser Zeit noch immer? Oder hat der Alltag Sie bereits wieder fest im Griff?

Die neunte Rauhnacht hängt mit dem September zusammen. Eine Bauernregel lautet: »Wie der Basillus, so der September.« Das spirituelle Thema für den heutigen Tag ist die Macht des Verzeihens. Damit wir das Alte abschließen können, ist es notwendig, auch einen Schlussstrich unter alte Verletzungen und Kränkungen zu ziehen. Wir sollten uns bemühen, alte Wunden heilen zu lassen, denn sonst müssen wir weiterhin belastende

Gefühle wie einen Sack voll schwerer Steine mit uns herumschleppen. Und dieser Ballast schadet nicht etwa denjenigen, die uns verletzt haben, sondern einzig und allein uns selbst. Manchmal ist Versöhnung nicht möglich – sei es, weil der Mensch, der uns geschadet hat, bereits tot ist, oder sei es, weil der andere nicht dazu bereit ist einzulenken. Doch während zum Versöhnen immer zwei gehören, ist Verzeihen etwas, was Sie ganz alleine tun können. Verzeihen erfordert Größe und Gelassenheit. Verzeihen fordert darüber hinaus Verständnis. Um verzeihen zu können, sollten Sie daher nicht nur Ihr Herz öffnen, sondern auch Ihren Blickwinkel erweitern: Was mag es für Gründe dafür gegeben haben, dass dieser Jemand Sie so verletzt hat? Selbst hinter scheinbar »bösen Absichten« steckt immer eine Not. Es gibt viele Gründe dafür, warum Menschen sich rücksichtslos verhalten können – beispielsweise Unsicherheit, Unwissenheit, Scham, Gier oder Angst.

Indem Sie verzeihen, können Sie einen gewaltigen Schritt auf dem geistigen Weg gehen. Einerseits entwickeln Sie dadurch Mitgefühl – gerade auch für schwierige Menschen. Andererseits stellen Sie sich selbst über die Geschehnisse, anstatt unter ihnen zu leiden. Verzeihen schafft Frieden in Ihrem eigenen Herzen. Und allein schon deshalb ist Verzeihen eines der größten Geschenke, die Sie sich selbst machen können.

Ritual
Verzeihen

Für das folgende Ritual benötigen Sie ein großes Blatt Papier, einen Stift, eine feuerfeste Schale und Streichhölzer sowie drei Kerzen.

❋ Führen Sie das Ritual bei Dunkelheit durch. Achten Sie darauf, dass Sie nicht gestört werden können. Schreiben Sie auf die linke Seite des Blattes all die Namen der Menschen untereinander, die Sie gekränkt haben. Rechts gegenüber notieren Sie jeweils in Stichpunkten, was die Verletzung konkret ausgelöst hat. Also beispielsweise links »Mein Vorgesetzter« und rechts »hat mich vor meinen Kollegen bloßgestellt« oder links »Mein Vater« und rechts »hat sich nie um mich gekümmert.« Falten Sie das Papier dann zusammen, und legen Sie es auf die Seite.

❋ Zünden Sie nun drei Kerzen an – eine symbolisiert die Vergangenheit, eine die Gegenwart und eine die Zukunft.

❋ Wenn möglich, führen Sie zunächst eine kurze Räucherung durch. Benutzen Sie als Räuchermischung 2 Teile Myrrhe und 1 Teil Tanne – dadurch reinigen Sie den Raum und sich selbst von belastenden Energien und wecken positive Gefühle.

❋ Setzen Sie sich dann aufrecht und entspannt hin, entweder auf den Boden, einen Stuhl oder ein Meditationsbänkchen.

Schließen Sie die Augen, und lassen Sie Ihren Atem und die Gedanken zur Ruhe kommen.

❋ Stellen Sie sich nun jede einzelne Person auf Ihrer Liste vor Ihrem inneren Auge vor. Ganz gleich, wie Ihr Verhältnis zu diesem Menschen ist oder war – verbeugen Sie sich kurz vor ihm, schenken Sie ihm ein Lächeln, und sprechen Sie innerlich aus, was Ihnen auf dem Herzen liegt. Beenden Sie den Satz jedes Mal mit der Formel: »Ich verstehe, dass du damals nicht anders handeln konntest, und ich verzeihe dir. Mögest du glücklich sein.« Verabschieden Sie sich dann innerlich von dieser Person, und gehen Sie anschließend zur nächsten weiter. Führen Sie das Ganze so lange fort, bis Sie zu allen Menschen, die auf Ihrer Liste stehen, innerlich Kontakt aufgenommen und ihnen verziehen haben.

❋ Versuchen Sie, die Achtsamkeit während der ganzen Meditation auf Ihren Brust- und Herzbereich zu lenken. Stellen Sie sich vor, wie Sie beim Einatmen Liebe aufnehmen und wie diese beim Ausatmen aus Ihrem Herzen strömt.

* Beenden Sie die Übung, wenn der Impuls dazu kommt. Atmen Sie dann einige Male tief durch, und öffnen Sie die Augen.

* Um das Ritual abzuschließen, übergeben Sie Ihre Liste dem Feuer. Öffnen Sie das Papier, und lesen Sie noch einmal kurz Ihre Aufzeichnungen durch. Und dann: Zerreißen Sie das Blatt, zünden Sie das Papier an, und lassen Sie es in einer feuerfesten Schale oder draußen im Schnee verbrennen. Sobald das Papier verbrannt ist, legen Sie abschließend Ihre Hände in Höhe des Herzens flach auf Ihre Brust. Verbeugen Sie sich kurz, und würdigen Sie sich selbst dafür, dass Sie so offen waren, das Ritual des Verzeihens durchzuführen.

WISSENSWERTES ZUM THEMA

Frau Holle und die Macht der Weiblichkeit

In den Sagen und Märchen der Rauhnächte begegnen uns immer wieder weibliche Gestalten und Göttinnen, die in der Mythologie und im Volksglauben eine große Rolle spielten. Tatsächlich sind Mutterriten und die weibliche Seite der Spiritualität wie Fruchtbarkeit, Neugeburt und Wachstum eng mit der Überlieferung der Rauhnächte verknüpft. Nicht umsonst werden diese auch als Mutternächte bezeichnet.

Je nach Zeitalter und Region tragen die Göttinnen verschiedene Namen. Doch immer repräsentieren sie Qualitäten wie Fruchtbarkeit, Erneuerung und weibliche Intuition.

Frigg, die wunderschöne Urgöttin der nordischen Mythologie, ist die Schutzherrin der Ehe und der Mutterschaft. Sie ist eng mit der Liebesgöttin Freya verwandt und wird oft mit ihr verwechselt. In Bayern kennt man Frigg unter dem Namen Berta, Berchtl oder Berchta (die »Strahlende«). Im Volk wurde sie hoch verehrt. Unter dem Einfluss der Christen wurde die »Strahlende« jedoch bald als Gespenst umgedeutet. In Sagen wurde sie als des Teufels Großmutter beschrieben, die nachts mit Hunden an ihrer Seite durch die Lande zieht und Schrecken verbreitet.

WISSENSWERTES

Frau Holle

Die zentrale weibliche Gestalt, die heute noch besonders oft mit den Rauhnächten in Verbindung gebracht wird, ist Frau Holle, die wir alle aus dem Märchen der Brüder Grimm kennen. Allerdings war Frau Holle schon lange vor dem Grimm'schen Märchen die Heldin zahlreicher Sagen und Volksbräuche.

Am Grund des »Frau Hollen Teichs« gibt es Blumen, Obst und Kuchen, die Frau Holle bereitwillig mit ihren Besuchern teilt. Frauen, die in den Teich steigen, macht sie gesund und fruchtbar. Faule Spinnerinnen bestraft Frau Holle, indem sie ihnen den Flachs anzündet, während die Fleißigen belohnt werden und Silbergroschen in ihren Putzeimern finden.

Meist erscheint Frau Holle als strahlend weiße Gestalt (»Holle« leitet sich von »die Holde« oder »die Helle« ab). Sie repräsentiert das Urweibliche, schenkt neues Leben, schützt die Verstorbenen und hütet die Seelen der Kinder – oft wird sie mit zwei Heimchen abgebildet, feenhaften, zarten Wesen, Grillen, die die Seelen der zu früh verstorbenen Kinder symbolisieren. Frau Holle ist die Behüterin der Kinder und des Lichts.

Frau Holle gestaltet das Wetter und wacht über die Spinnstuben. Das Spinnen galt jahrhundertelang als typisch weibliche Tätigkeit. In den Spinnstuben wurden in kalten Winternächten von Generation zu Generation Geschichten und Märchen überliefert, und es wurde geweissagt.

WISSENSWERTES

Frau Percht

In der Alpenregion ist es weniger Frau Holle als vielmehr die »Percht« oder »Berchta«, die während der Rauhnächte das Leben und die Natur symbolisiert. Im Gegensatz zur eher gütigen, weisen Frau Holle wurde Frau Percht mit der Zeit immer stärker dämonisiert. In Schwaben, Thüringen und Franken sagte man zu frechen Kindern:»Schweig, oder die wilde Berchta kommt und holt dich.« Percht oder Berchta wird meist als alte, furchterregende Frau mit zotteligen Haaren beschrieben. Sie steckt nicht nur unartige Kinder in den Korb, sondern schlitzt unordentlichen Hausfrauen auch schon einmal den Bauch auf.

Jährlich zieht die Percht an der Spitze der »Wilden Jagd« durchs Land. Doch während sie die Menschen in Angst und Schrecken versetzt, verleiht sie den Böden und Äckern Fruchtbarkeit.

In den Perchtenläufen, dem vielleicht bekanntesten Rauhnachtbrauch, wird der Segen von Frau Percht durch rhythmisches Schreiten, Hüpfen, wilde Sprünge über das Feuer und lautstarkes Trommeln und Rasseln auch heute noch vielerorts beschworen.

WISSENSWERTES

Märchen
Dumm-Maras Verwandlung

Es war einmal ein Mädchen, das hieß Marie. Sie war sehr traurig, da ihr Bruder gestorben war, den sie sehr geliebt hatte. Ihr Vater war meist auf Reisen, ihre Mutter war schon lange tot und ihre Stiefmutter eine hartherzige Frau. Die Stiefmutter hieß ebenfalls Marie, und deshalb rief sie die kleine Marie nur Dumm-Mara.

So geschah es denn an einem kalten Wintertag, dass die Stiefmutter überlegte, wie sie der kleinen Marie eine schwere Aufgabe geben konnte. »Dumm-Mara!«, rief sie. »Geh, wasch die Kleider, damit sie für den Kirchgang sauber sind. Es ist kein Wasser im Haus. Du musst zum Brunnen.«

»Aber der Brunnen ist doch zugefroren«, sagte Marie.

»Komm mir nicht mit Ausreden, sonst wird es dir schlecht ergehen!«, antwortete die Stiefmutter.

Also ging Marie mit der Wäsche zum Brunnen. Sie hatte ein schlechtes Gewissen, denn sie wusste wohl, dass man an den Rauhnachttagen nicht waschen soll – und wie sollte sie das auch tun, wo doch der Brunnen zugefroren war? So saß Marie am Brunnen und weinte.

Da brach das Eis, und aus der Tiefe des Brunnens kam ein warmer Hauch. Marie blickte in den Brunnen und sah eine golden glänzende Leiter, die in die Tiefe führte. Marie zögerte, doch dann fasste sie sich ein Herz und stieg hinab.

Als sie unten am Brunnengrund angekommen war, war dort ein kleines Bächlein, das munter plätscherte. Es floss durch ein kleines Tor, und

dahinter war eine blühende Sommerwiese. *Marie staunte und folgte dem Fluss des Bächleins. Den Korb mit Wäsche hatte sie noch auf dem Rücken. Sie nahm ihn ab und begann, die Kleider im Bächlein zu waschen. Da trat eine Frau auf sie zu, die war groß und strahlend, wie eine Königin.*

»Kind, weißt du nicht, dass du in der Zeit der Rauhnächte nicht waschen darfst? Das ärgert die Frau Holle.«

Marie wurde rot und verneigte sich. »Verzeiht mir, Herrin. Ich weiß es wohl, doch meine Stiefmutter hat es mir befohlen.«

Die Dame sah Marie streng an. »Noch dazu wäschst du in meinem Bach. Auch das ist nicht erlaubt. Nun musst du bei mir bleiben und mir dienen.«

Marie dachte sich, dass es nicht schlimmer sein konnte als bei ihrer Stiefmutter, und so neigte sie den Kopf und folgte der Dame in ein großes Haus. Dort gab es viel zu tun: Zu putzen, zu kochen, zu spülen, zu backen und die Betten zu machen. Nur das Ausschütteln der Betten wollte die Herrin selbst tun: »Wenn ich die Betten schüttle, schneit es auf der Erde!«, sagte sie.

Marie tat fleißig alles, was ihr geheißen wurde, und die Herrin gewann sie lieb. Abends am Feuer erzählte sie Marie von Geheimnissen und wilden Dingen, auch von den Unterirdischen und den Himmlischen. Sosehr sich Marie auch bemühte, sich die Geschichten zu merken, so waren sie doch wie Träume, an die sich die Gefühle wohl erinnern, aber nicht die Gedanken.

Manchmal kamen wilde Reiter, und die Herrin ritt mit ihnen aus. Marie hütete dann das Haus, und da sie alles in Ordnung hielt, lobte sie die Herrin. Eines Tages sprach sie: »Marie, du hast mir gut gedient, und ich

würde dich gern bei mir behalten, doch das geht nicht. Bevor du mich aber verlässt, will ich dir noch ein Geschenk machen. Tritt durch die Tür, die du bisher nicht öffnen durftest, mein liebes Kind.« Sie strich Marie zart über den Kopf, und Marie fühlte sich, als hätte ein Engel sie geküsst. »Denk an das, was dir am liebsten ist.«

Marie tat, wie ihr geheißen. Sie öffnete die Tür und trat in einen Garten, der war noch wunderbarer als alles, was sie bisher gesehen hatte. Jemand rief sie beim Namen, und ihr Herz machte einen Satz: Das war Johannes, ihr Bruder! Sie hatte sich gewünscht, ihn noch einmal wiederzusehen, und nun war er hier.

Die Geschwister fielen sich in die Arme, und Marie sah, dass ihr Bruder nicht mehr schwach und krank war, wie zu der Zeit, als er von ihr gegangen war – er sah stark und gesund aus, und aus ihm strahlte ein inneres Leuchten.

Als es dämmerte, verabschiedete sich ihr Bruder. »Hab keine Angst, Marie. Mir geht es so gut hier – und eines Tages wirst du wiederkommen und bei mir bleiben. Bis es so weit ist, werde ich immer über dich wachen und sehen, dass es dir gut ergeht!«

Marie weinte ein wenig, aber nicht sehr, denn die Worte des Bruders hatten sie sehr getröstet. Johannes nahm sie bei der Hand, führte sie zu einem Tor und gab ihr einen Abschiedskuss.

Als Marie durch das Tor trat, wurde es mit einem Mal ganz kalt, und sie stand vor dem zugefrorenen Brunnen. Ihr Korb mit der gewaschenen Wäsche stand auch dort, und zwischen den Kleidern funkelten Gold und Juwelen. Eilig sprang Marie nach Hause. Was würde wohl die Stiefmutter sagen – Marie war doch lange Zeit fort gewesen.

Doch die Stiefmutter wunderte sich gar nicht darüber, denn in der Welt außerhalb des Brunnens war nur eine Stunde vergangen. Sie wollte Marie schon ausschelten, da sah sie, dass nicht nur die Wäsche gewaschen war, sondern wie neu aussah – und dass der Korb voller wertvoller Edelsteine und Gold war.

»Ja, Dumm-Mara, wie hast du das gemacht?«, fragte sie und versuchte freundlich zu sein. Marie erzählte ihr alles.

Ohne weitere Worte zu verlieren, raffte die Stiefmutter alte, schmutzige Kleider zusammen und lief aus dem Haus, zum Brunnen. Aber der war zugefroren. Wütend schlug sie mit einem Stein auf das Eis, bis es brach. Tatsächlich: Da war kein Wasser, aber eine rostige Leiter. Sie stieg hinab und kam an das Bächlein am Grunde des Brunnens.

Sie folgte dem Bächlein ein Stück und begann, die schmutzigen, alten Kleider in den Bach zu halten. Da kam die Herrin und sah sie zornig an. Doch die Stiefmutter tat, als wäre sie ganz unterwürfig und gehorsam – und auch sie wurde zu dem großen Haus geführt, in dem sie dienen sollte. Doch sie wollte nicht dienen, sondern war begierig nach dem Gold und den Edelsteinen und tat, was ihr aufgetragen ward, nur halbherzig und widerwillig. Immer wieder versuchte sie, die Tür zu öffnen, die ihr die Herrin verboten hatte.

So dauerte es nur wenige Tage, bis die Herrin zu ihr sagte: »Du hast mir genug gedient. Gehe durch die Tür, durch die du immer gehen wolltest. Sie ist nun offen. Denke an das, was du dir wünschst – und du wirst deinen Lohn erhalten.«

Ohne weitere Worte wandte sich die Stiefmutter um und öffnete die Tür. Doch da war kein zauberhafter Garten, sondern ein düsterer Sumpf, in

dem Feuer loderten und unheimliche Geister sie mit roten Augen anstarrten.

Viele Tage irrte die Stiefmutter umher, bis sie an ein Tor kam. Dort stand die Herrin, doch zweimal so groß wie zuvor.

»Wisse, Elende, dass ich die Frau Holle bin, die Herrin der Unterwelt. Dein schlechtes Herz hat sich seinen Lohn geholt. Und nun hinaus mit dir!«

Das Tor sprang auf, und die Stiefmutter wurde wie von der Hand eines Riesen hinausgeschleudert. Mit zerzaustem Haar, zerrissenen Kleidern und einem Korb voll schmutziger Wäsche stand sie wieder vor dem zugefrorenen Brunnen. Langsam ging sie nachhause.

Doch ihr Herz war nicht ganz böse, sonst wäre sie nicht so leicht davongekommen. Von Stund an hieß sie die kleine Marie nie mehr Dumm-Mara, sondern nur das Goldmariechen, und behandelte sie wie ihr eigenes Kind. Und im Laufe der Zeit gewannen sich die beiden sogar lieb.

Marie aber lebte lange und glücklich, und immer, wenn sie doch einmal traurig wurde, dachte sie an Frau Holle und an Johannes, ihren Bruder, der immer über sie wachte und den sie eines Tages wiedersehen würde.

Es ist viel schwerer,
den Tag in wahrhafter
Aufmerksamkeit und
Wachsamkeit von Anfang
bis Ende zu verleben,
als ein Jahr in großen
Absichten und hoch-
fliegenden Plänen.

Christian Morgenstern

3. Januar

10 Rauhnacht

Achtsam werden

In den Rauhnächten öffnet sich das Tor zur geistigen Welt. Aus dieser Zeit stammen viele Geschichten, die von der Begegnung mit Geistern berichten. Abgesehen von Frau Percht und den Geistern der Wilden Jagd werden auch andere Wesen genannt. Beispielsweise Hexen, zauberkundige Frauen, die vor der Zeit der Christianisierung noch nicht als »böse«, sondern vielmehr als Heilerinnen galten, als Frauen mit besonderen Gaben. Oder schwarze Hunde und Werwölfe, die Mensch und Vieh insbesondere in Vollmondnächten bedrohen. Dämonen wie der Alb, die Habergeiß oder die Druden bescheren den Schlafenden Albträume und erschrecken die Kinder. Doch auch an guten Geistern mangelt es nicht. So wird in alten Sagen von der Begegnung mit Elfen, Engeln und Feen berichtet.
Ob wir nach einem Zugang in die magische Welt der Rauh-

nachtgeister suchen oder uns »nur« danach sehnen, tief in den Zauber der Rauhnächte einzutauchen und Kraft daraus zu schöpfen – wir sollten unsere Sinne weit öffnen. Das gelingt jedoch nur, wenn wir achtsam sind. Während der Zeit zwischen den Jahren sind unsere Sinne besonders geschärft; dennoch sollten wir uns gezielt darum bemühen, unsere Achtsamkeit zu stärken. Solange wir uns von unseren alltäglichen und oft negativen Denkmustern bestimmen lassen, bleibt unser Geist an der Oberfläche haften. Achtsamkeit liefert den Schlüssel, durch den wir unsere Wahrnehmung erweitern und das Geheimnis der Rauhnächte ergründen können.

So paradox es klingt: Um Einblick in das Jenseits zu bekommen, müssen wir uns ganz auf das Diesseits konzentrieren. Achtsam zu sein heißt, offen und wach für das Hier und Jetzt zu sein. Es bedeutet, dass wir uns vollkommen für den gegenwärtigen Moment öffnen, ohne ständig zu urteilen oder zu bewerten, was wir wahrnehmen. Gedanken, Gefühle, Klänge, Erscheinungen, Begegnungen, Stimmungen – sie alle kommen und gehen. Sie bilden den Stoff, aus dem unser Leben ist. Statt über Vergangenes nachzugrübeln oder Pläne für die Zukunft zu schmieden, sollten wir unsere Aufmerksamkeit daher einfach auf das richten, was in diesem Moment erscheint. Und wenn wir wirklich tief lauschen, schauen und spüren, werden wir nicht nur das Offensichtliche, sondern ebenso das Verborgene mit immer feineren Sinnen wahrzunehmen lernen.

Meditation
Achtsam im Jetzt sein

Die folgende Meditation hilft Ihnen, Ihre Achtsamkeit zu schulen. Dabei wird diese Schritt für Schritt auf unterschiedliche Objekte gelenkt, bei denen wir jeweils kurz konzentriert verweilen, bevor wir dann zum nächsten Meditationsobjekt übergehen.

✳ Nehmen Sie eine bequeme, aber aufrechte Sitzposition ein. Schließen Sie die Augen, und nehmen Sie sich Zeit, innerlich zur Ruhe zu kommen.

✳ Lenken Sie Ihre Achtsamkeit zunächst auf Ihren Körper: Wie ist Ihre Haltung? Können Sie in bestimmten Bereichen Ihres Körpers Anspannung spüren? Gibt es körperliche Empfindungen wie Jucken, Kribbeln, Wärme oder Schmerzen, die Ihnen in diesem Augenblick bewusst werden? Nehmen Sie alles so wahr, wie es ist, ohne etwas verändern zu wollen.

✳ Lenken Sie Ihre Achtsamkeit nun ganz auf Ihren Atem. Spüren Sie, wie Sie ein- und ausatmen. Manchen Menschen fällt das besonders leicht, indem sie die Bewegung ihrer Bauchdecke beobachten, anderen, indem sie sich auf das Ein- und Ausströmen der Luft an der Nase beziehungsweise den

Nasenflügeln konzentrieren. Wofür auch immer Sie sich entscheiden – bleiben Sie mit Ihrer Aufmerksamkeit für einige Atemzüge ganz bei dieser Wahrnehmung.

✳ Als Nächstes lenken Sie die Achtsamkeit auf das Hören. Lauschen Sie den Klängen, die von draußen oder aus dem Haus oder der Wohnung kommen. Bewerten Sie nicht, was Sie hören, sondern lassen Sie alle Klänge durch sich hindurchziehen.

✳ Lenken Sie Ihre Achtsamkeit jetzt auf Ihren Geist – die Gedanken und Gefühle. Können Sie bestimmte geistige Bewegungen wahrnehmen? Das können Gedanken an die Zukunft oder Vergangenheit sein, aber auch Bilder, Melodien oder innere Dialoge. Vielleicht tauchen Gefühle wie Angst, Ungeduld oder Freude auf. Was immer es ist – schauen Sie nur zu, wie der Gedanke oder das Gefühl in Ihrem Geist erscheint, die von anderen Gedanken und Regungen abgelöst werden. Halten Sie nichts fest.

✳ Bleiben Sie abschließend noch einige Minuten sitzen, in denen Sie sich für den Moment öffnen. Was immer Sie wahrnehmen – ob körperliche Reize, Gedanken, Töne oder Gefühle –, lassen Sie es einfach da sein. Wach und achtsam beobachten, mehr gibt es nicht zu tun.

✳ Beenden Sie die Meditation, indem Sie tief durchatmen und die Augen öffnen.

EINIGE RAUHNACHTBRÄUCHE UND -REGELN

❅ *Kerzen, die bei Einbruch der Dunkelheit auf den Fensterbrettern aufgestellt werden, vertreiben böse Geister, während gute angelockt werden.*

❅ *Wenn man die Hühner in den Rauhnächten mit Erbsen füttert, werden sie viele Eier legen.*

❅ *In den Wolfsnächten darf man keine Schuhe und Stiefel wienern.*

❅ *Bettler und Bedürftige darf man in den Zwölften nie abweisen, sondern man soll sie in die Stube bitten und ihnen Speisen und Getränke reichen.*

Orakel
Die Weisheit des Pendels

Das Pendeln gehört zu den ältesten Methoden der Weissagung. Sie können dazu herkömmliche Pendel benutzen oder einfach einen Ring an ein langes Haar oder einen Bindfaden binden. Bevor Sie beginnen, müssen Sie das Pendel eichen beziehungsweise initiieren. Um das Pendel zu eichen, malen Sie ein Kreidekreuz auf den Tisch oder auf ein großes Blatt Papier. Setzen Sie sich hin, stellen Sie den Ellbogen entspannt auf, und halten Sie das Pendel genau über die Mitte des Kreuzes. Halten Sie das Pendel ganz entspannt zwischen Daumen und Zeigefinger.

Stellen Sie sich nun im Stillen eine Frage, bei der Sie die Antwort genau kennen (Beispiel: »Scheint heute die Sonne?«). Lassen Sie sich Zeit, manchmal dauert es recht lange, bis sich das Pendel in Bewegung setzt. Beobachten Sie die Bewegung: Bewegt sich das Pendel im Uhrzeigersinn oder dagegen? Oder schwingt es vertikal auf und ab oder horizontal hin und her? Wiederholen Sie den Test. Stellen Sie wieder eine Frage, deren Antwort Sie kennen (Beispiel: »Bin ich ein Mann?«). Beobachten Sie die Pendelbewegung. Wenn nötig, wiederholen Sie das mit einer weiteren Frage.

Nun wissen Sie, wohin das Pendel schwingt, wenn die Antwort »Ja« heißt, und wohin es sich bewegt, wenn sie »Nein« lautet. Legen Sie das Pendel nun aus der Hand, und räuchern Sie das Zimmer mit einer Mischung aus 2 Teilen Kampfer, 1 Teil Weihrauch und 1 Teil Wacholder. Diese Räuchermischung erhöht die Achtsamkeit und Konzentration.

Setzen Sie sich wieder an den Tisch, nehmen Sie das Pendel in die Hand, und konzentrieren Sie sich auf eine wichtige Frage. Formulieren Sie die Frage innerlich so, dass ein »Ja« oder »Nein« dabei herauskommen muss, also zum Beispiel »Ist es besser, wenn ich ...«, »Wird X mir helfen, Y zu erreichen« oder »Wird X geschehen?«

Halten Sie das Pendel ganz ruhig. Tun Sie gar nichts. Wiederholen Sie die Frage gegebenenfalls einige Male. Beobachten Sie dann, in welche Richtung sich das Pendel bewegt. Falls sich das Pendel nach einiger Zeit noch immer nicht bewegt, kann es sein, dass Sie keine Antwort empfangen können. Möglicherweise ist die Zeit noch nicht reif, und es würde Ihnen schaden, die Antwort jetzt schon zu erfahren. Wiederholen Sie das Pendeln dann nach einigen Tagen oder Wochen noch einmal.

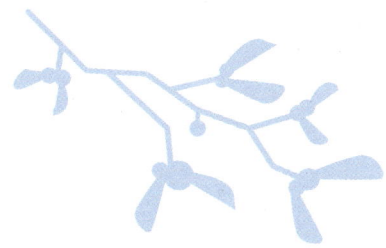

*Nicht die Glücklichen
sind dankbar.
Es sind die
Dankbaren,
die glücklich sind.*

Francis Bacon

4. Januar

Rauhnacht

Dankbar sein

11

Vor langer Zeit, als die Menschen noch stark mit der Erde verbunden waren und ihr Überleben unmittelbar von den Naturgewalten und dem Wetter abhing, war es ganz normal, dankbar zu sein. Oft genügte es schon, dass die Sonne schien, es zur rechten Zeit regnete und die Ernte einigermaßen gesichert war, um Dankbarkeit zu empfinden. Heute jedoch scheint alles, was wir zum Überleben brauchen, allzu selbstverständlich zu sein. Dankbar sind viele von uns nur noch, wenn etwas ganz Besonderes, Großartiges passiert – wenn wir uns etwa neu verlieben, ein neues Auto bekommen oder im Lotto gewinnen.

In der besinnlichen Zeit der Rauhnächte können wir versuchen, wieder für ganz einfache, unspektakuläre Dinge dankbar zu sein – zum Beispiel dafür, dass die Kinder einen Schneemann vor dem Haus bauen, dass es in unserer Wohnung schön warm ist oder dass wir etwas Zeit mit uns selbst verbringen und ein wenig zur Ruhe kommen können.

Warum ist Dankbarkeit so wichtig? Abgesehen davon, dass dankbare Menschen glücklicher sind, was in psychologischen Studien belegt wurde, ist Dankbarkeit eine wirkungsvolle Methode, um intensiven Kontakt zum Leben aufzunehmen. In dem Maße nämlich, wie Undankbarkeit uns von der Welt isoliert und entfremdet, verbindet Dankbarkeit uns mit den Menschen und Dingen, die uns umgeben.

Heute können wir einmal darüber nachdenken, wofür wir dankbar sein sollten: Vielleicht für unsere Freunde, unsere Kinder oder Eltern. Vielleicht dafür, dass wir eine Arbeit oder ein Dach über dem Kopf haben, die Sonne scheint oder wir auch heute wieder genug zu essen haben werden.

Wenn Sie möchten, können Sie eine einfache Übung durchführen: Schauen Sie jeden Abend kurz auf den vergangenen Tag zurück, und schreiben Sie sich fünf Punkte auf, für die Sie dankbar sind. Sie werden staunen, dass Ihnen das umso leichter fallen wird, je länger Sie die Methode anwenden. Schon bald werden Sie ohne weiteres zehn Punkte nennen können – und dabei werden Sie entdecken, wie sich Ihr Herz von Tag zu Tag mehr öffnet und wie Sie zufriedener und glücklicher werden.

Kinder und Rauhnächte

Im folgenden Abschnitt geht es darum, wie wir die Zeit der Rauhnächte gemeinsam mit Kindern besinnlich und lebendig gestalten können.

Rauhnächte mit Kindern gestalten

Falls Sie selbst Kinder haben oder mit Kindern leben, werden Sie wissen, dass sie sehr offen für Magie sind. Im Gegensatz zu uns Erwachsenen können Kinder die Kräfte ihrer Fantasie ohne Weiteres wecken und sehr tief in die Welt von Geistern, Hexen und Feen eintauchen. Darüber hinaus haben viele Kinder großes Interesse an Ritualen und Meditationen. Sofern sie nicht schon fest im Griff von Fernsehern, Computern und Handys sind, sind Kinder meist sehr empfänglich für das Geheimnis der Stille. Es versteht sich, dass die besinnliche Zeit der Rauhnächte auch für Ihre Kinder eine wunderbare Gele-

genheit sein kann, Kontakt zu ihrer eigenen Lebendigkeit, ihren Träumen und Sehnsüchten aufzunehmen.

Was aber können Sie dabei konkret tun? Hier gibt es unendlich viele Möglichkeiten. Lassen Sie Ihrer Kreativität freien Lauf. Die folgenden Vorschläge sollen nur ein paar Anregungen bieten, die Ihnen dabei helfen können, die Zeit der Rauhnächte mit Ihren Kindern zu gestalten.

✳ Das Wichtigste zuerst: Verbringen Sie viel Zeit mit Ihren Kindern. Leider ist es heute längst nicht mehr selbstverständlich, sich Zeit füreinander zu nehmen. Ständig haben wir viel zu tun, haben »leider keine Zeit«, und damit enthalten wir unseren Kindern das vor, was sie am meisten bräuchten. Schenken Sie Ihrem Kind in den Zwölften daher so viel Zeit wie möglich.

✳ Geben Sie Ihren Kindern das Gefühl, angenommen und geborgen zu sein. Kuscheln Sie gemeinsam auf dem Sofa, erzählen Sie ihnen Märchen und Sagen.

✳ Basteln Sie gemeinsam mit Ihren Kindern. Eine gute Möglichkeit besteht darin, Masken anzufertigen oder Bilder zu malen. Geben Sie das Motto vor: »Wie würde ich aussehen, wenn ich ein böser Geist wäre?« oder »Wie würde ich aussehen, wenn ich ein guter Geist wäre?« Das Thema Polarität, die lichte und die dunkle Seite, die wir in den Perchtenmasken finden, kann zur Anregung für eigene Masken oder Bilder werden.

✳ Fragen Sie Ihre Kinder morgens, was sie geträumt haben. Geben Sie an sie weiter, dass Träume wertvoll sind und uns manchmal etwas über ihre Probleme oder mögliche Lösungen sagen können. Fragen Sie vor allem nach ihren Gefühlen und Stimmungen, die im Traum vorgeherrscht haben.

❋ Kinder freuen sich, wenn sie an Ritualen teilnehmen können. Sie können gemeinsam mit Ihren Kindern das Pendel befragen oder Räucherungen durchführen.

❋ Unternehmen Sie eine Nachtwanderung mit Ihren Kindern. Stehen Sie vor dem Morgengrauen auf, oder gehen Sie mit Ihren Kindern am Spätnachmittag ein Stück durch den Wald oder übers Feld. Vereinbaren Sie, kein Wort zu sprechen. Sagen Sie Ihren Kindern, dass Sie auf die Geräusche im Wald und ihre eigenen Schritte im Schnee achten sollen. Nach der Wanderung darf dann jeder erzählen, ob er »Feen und Geister hören konnte« oder »das Licht in der Dunkelheit gesehen hat«.

❋ Wecken Sie die Sinne Ihrer Kinder. Fragen Sie sie beispielsweise, was sie gerade hören können (»Ich höre gerade vier verschiedene Geräusche. Und wie viele hörst du?«) oder wie sie sich selbst spüren (»Wo fühlt sich dein Körper gerade kalt an? Wo warm? Welche Körperteile kannst du besonders gut fühlen?«), oder spielen Sie das alte Spiel »Ich sehe was, was du nicht siehst ...«

❋ Fragen Sie Ihre Kinder, was sie sich wünschen. Vielleicht möchten Sie die Herzensziele Ihrer Kinder ja auch gemeinsam mit ihnen malen – oder Ihre Kinder versuchen, ihre Wünsche pantomimisch auszudrücken, und Sie versuchen, diese zu erraten.

Märchen
Der arme Tischler und der Herr des Waldes

Vor Jahren lebte ein armer Tischler mit seiner alten Mutter, seiner Frau und seinen drei Kindern am Rande des großen Waldes. Sie mussten keinen Hunger leiden, doch manchmal fehlte das Geld, um neue Kleidung für die Kinder oder Medizin für die kranke Mutter zu kaufen.

Eines Winters, in dem es sehr kalt war und die Wölfe lauter heulten als sonst, war die Armut besonders drückend. Unter dem Christbaum hatten keine Geschenke gelegen, und die traurigen Augen seiner Kinder machten auch den armen Tischler traurig.

Er wusste nicht, was er tun sollte: Er war fleißig und beherrschte sein Handwerk, doch es gab nicht genug Leute, die ihre Tische und Stühle bei ihm anfertigen ließen. Vielleicht lag es daran, dass er alles, was er tat, sehr sorgfältig machte und mehr Zeit brauchte als andere seiner Zunft. Am liebsten hätte er jedes Stück mit kunstvollen Schnitzereien versehen, doch das wollten die Leute nicht – und wollten sie es, so wollten sie doch nicht für diese Arbeit zahlen.

In einer dunklen Rauhnacht plagte die Schwermut den armen Tischler so sehr, dass er es nicht im Hause aushielt. Er zog sich einen dicken Mantel an und ging hinaus, in die klirrende Kälte der letzten Nacht des Jahres. Die Kälte machte seinen Kopf klar, doch die Schwermut blieb, wie ein leiser Ruf aus der Ferne.

Ohne es zu merken, war der Tischler tief in den Wald geraten. Der Vollmond schien, und es war ganz still im Wald. Er begann sich ein wenig zu fürchten. Hieß es nicht, dass in den Rauhnächten das kleine Volk oft aus

der Erde kam und den Menschen Streiche spielte? Er hatte von Moosweiblein und Holzmännchen gehört, die einsame Wanderer in die Irre geführt hatten. Aber hatten die Alten im Dorf nicht auch gesagt, dass das kleine Volk großes Glück bringen könnte, wenn man ihm zur rechten Zeit, am rechten Ort und mit Höflichkeit begegnete?

Kaum hatte er das gedacht, meinte er, kleine Gestalten hinter den Bäumen hervorlugen zu sehen, und ihn schauerte. Doch er fasste sich ein Herz. Vielleicht war ja gerade heute die richtige Zeit. In diesem Moment fiel ihm ein Spruch ein, den er als Kind von seinem Großvater gehört hatte:

»Kleines Volk, kommt herfür,
seht mein Herz, vertrauet mir,
Mondenschein, Waldesklang
zeiget euch, mir ist nicht bang.«

Kaum hatte er diese Worte geflüstert, raschelte es im Gebüsch, und der Tischler meinte, feine Stimmchen lachen zu hören. Er sah hinter den Busch, doch da war nichts. Enttäuscht wandte er sich um – und da standen zwei kleine Wichte vor ihm.

»Menschenkind, gib gut acht,
bei vollem Mond der Neujahrsnacht,
hat mancher schon sein Glück gemacht.
Dreimal wünsche, doch wünsche klug:
Dann hast du für dein Leben genug.«

Damit verschwanden sie, als hätte der Wind sie fortgeweht, und nur ein leises, fernes Gelächter hing im Wald. Der arme Tischler wusste nicht, ob er geträumt hatte. Was hatten die Wichte gesagt? Er habe drei Wünsche?

Er wollte schon den ersten Wunsch aussprechen, da fiel ihm ein, dass der Großvater nicht nur von der rechten Zeit und dem rechten Ort, sondern auch von der Höflichkeit gesprochen hatte. Er hatte ihn auch einen Spruch dazu gelehrt. Er verbeugte sich und sprach:
»Ich danke den Herren des Waldes.
Ich ehre die Herrin des Waldes.
Ich danke euch für eure Gabe ...«
Es gab noch eine Zeile, doch die wollte ihm nicht einfallen. Schließlich sagte er:
»... auch wenn ich sie nicht verdienet habe.«
Da erschien ein riesenhafter alter Mann und donnerte: »Wünschen willst du also? Aber den Dankspruch kennst du nicht?«
Der Tischler zitterte und sprach: »Vergebt mir, Herr des Waldes.«
Der Alte nickte. »Deine Absicht war gut, und auch dein Reim war zwar nicht richtig, doch recht. Doch da du den richtigen Spruch nicht weißt, hast du nur einen Wunsch. Drum wünsche dreifach klug!« Er reichte dem Tischler einen Eisenring. »Steck den Ring an deinen Finger. Sprich deinen Wunsch, und drehe den Ring, und du wirst bekommen, was dir zukommt.«
Der Tischler hätte den Herrn des Waldes gerne noch befragt. Aber der war so plötzlich verschwunden, wie er gekommen war. Der Tischler rief noch einmal in den Wald: »Ich danke dem Herrn des Waldes und allen seinen Untertanen!«
Nun begann das Nachdenken. Was könnte er sich wünschen? Einen Beutel Gold. Nein, besser eine Truhe Gold. Oder eine große Werkstatt in der

Stadt. Könnte er nicht, wenn er es sich nun schon wünschen dürfte, sogar Graf sein? Dem armen Tischler wurde ganz schwindelig.

Doch er war ein guter Kerl, und er hatte den Erzählungen seiner Großeltern immer genau zugehört. Wie viele Geschichten hatte er gehört, wo jemandem Wünsche gewährt wurden, doch seine törichten, selbstsüchtigen Wünsche hatten ihm nur Unglück gebracht!

So dachte der Tischler an seine liebe Frau, an seine geliebten Kinder und an seine alte, gute Mutter, und alle Selbstsucht verschwand aus seinem Herzen.

»Ich wünsche mir nur, dass es meinen Lieben gut im Leben gehen möge!« Und er bemerkte kaum, dass er dabei den Ring gedreht hatte.

Der Tischler war nun voller Zuversicht und ging mit frohem Herzen nach Hause. Es war noch immer die arme Hütte, doch er fühlte sich, als würde er in ein Schloss einkehren. Als er die Tür öffnete, stürmten seine Frau und seine Kinder zu ihm und fragten, was er denn so lange im Wald getan habe? Doch der Tischler lächelte nur, denn er wusste, dass man nicht leichtfertig von den Begegnungen mit dem kleinen Volk sprechen durfte.

Und wurde sein Wunsch erfüllt? Ja, doch nicht wie ein Zauber, sondern ganz so, als ob alles seinen natürlichen Gang ginge. Die alte Mutter wurde wieder gesund, niemand wurde mehr krank, und die Familie war arm, aber glücklich. Und schließlich verließ auch die Armut das Haus, die so viel Glück nicht ertragen konnte.

Morgenröte und Auferstehung sind Synonyme.
Das Wiedererscheinen des Lichtes ist
der Fortdauer des Ich gleichzusetzen.
Victor Hugo

5. Januar

12

Rauhnacht

Zum Licht erwachen

Die zwölfte Rauhnacht endet um Mitternacht auf den 6. Januar, dem Tag der Heiligen Drei Könige. Sie schließt die Schwellenzeit ab. Der Übergang vom alten ins neue Jahr ist endgültig vollzogen. Verabschieden Sie sich noch einmal von allem, was Sie in der Vergangenheit belastet hat – was gewesen ist, ist vorbei. Jetzt ist es Zeit, nach vorne zu schauen.

Konnten Sie etwas von der verwandelnden Qualität der Rauhnächte erfahren? Sehen Sie ein wenig klarer, wie der Weg verläuft, der aus der Dunkelheit ins Licht führt? Sie können sich den Neuanfang bewusster machen, indem Sie – wie es früher der Brauch war – alle Fenster und Türen heute für eine Weile weit öffnen. Geben Sie den Geistern der Vergangenheit die Möglichkeit, sich zu verabschieden. Wenn Sie möchten, können Sie das durch eine Räucherung mit Weihrauch unterstützen.

In den dunkelsten Tagen des Jahres zeigt sich die menschliche Sehnsucht nach Licht. Der Kamin wird angefacht, die Kerzen werden am Weihnachtsbaum und in den Fenstern entzündet, und Lichterketten säumen die Straßen. Doch da gibt es auch die Sehnsucht nach dem inneren Licht. Und während wir die äußere Dunkelheit leicht vertreiben können, indem wir Kerzen anzünden oder einen Lichtschalter betätigen, ist das mit dem Verscheuchen der Schatten in unserem Inneren nicht so einfach. Dennoch: Unsere Reise ins Licht, zu der uns die Rauhnächte einladen, sollte vor allem eine Reise sein, die uns zum inneren Licht führt.

Damit Angst, Hass, Sorgen, Neid und Unwissenheit, die Geist und Seele verdunkeln, weichen können, müssen wir uns bewusst mit den lichten Kräften verbinden. Um Mitgefühl, Vertrauen und Lebensfreude zu entwickeln, müssen wir jedoch gar nicht viel »tun«. Im Gegenteil – wir sollten sogar weniger tun, öfter zur Ruhe kommen und die Stille suchen. Nicht in der Betriebsamkeit und Hektik des Alltags finden wir den Sinn, sondern in der Besinnlichkeit und Besinnung. Geben wir der Stille deshalb auch nach Abschluss der Rauhnächte immer wieder die Chance, unser Leben zu bereichern, auf dass Licht werde, wo Dunkelheit herrscht.

Meditation
Ich bin Licht

❋ Setzen Sie sich mit geradem Rücken auf einen Stuhl oder auf den Boden. Achten Sie darauf, dass Sie entspannt sind, dass die Schultern locker nach unten sinken und der Atem frei fließen kann. Machen Sie sich bewusst, dass Ihr Körper schwer ist und Sie vom Boden getragen werden. Lassen Sie alle Anspannung mit dem Ausatmen los.

❋ Lenken Sie die Achtsamkeit jetzt auf die Mitte Ihrer Stirn. Entspannen Sie Ihre Gesichtsmuskeln, und lassen Sie die Stirn weich und glatt werden. Während Sie den Atem weiterhin entspannt ein- und ausströmen lassen, halten Sie Ihre Konzentration auf die Mitte Ihrer Stirn gerichtet.

❋ Mit der Zeit können Sie wahrscheinlich Wärme, Weite und Licht spüren – folgen Sie diesen Empfindungen, tauchen Sie ganz in das Licht ein. Spüren Sie die Leichtigkeit und die Freude, die sich in Ihnen ausbreitet.

❋ Um die Meditation zu beenden, lenken Sie die Aufmerksamkeit wieder ganz auf Ihren Körper. Vertiefen Sie dann die Atmung, und öffnen Sie schließlich wieder die Augen.

WISSENSWERTES ZUM THEMA

Perchtenläufe

In der Nacht vom 5. auf den 6. Januar wird die Perchtnacht gefeiert. In vielen Gegenden des Alpenraums werden jetzt die Perchtenumzüge, die den Abschluss der Rauhnächte bilden, begangen. Obwohl diese Perchtenläufe heute auch eine Touristenattraktion sind, gehen sie auf alte, heidnische Bräuche zurück.

Wild verkleidete, junge Männer mit blutverschmierten Masken, gigantischen Teufelshörnern und furchterregenden Reißzähnen ziehen mit wildem Gebaren durch die Dörfer. Um böse Geister zu vertreiben und zugleich die Samen, die in der Erde schlummern, zu neuem Leben zu erwecken, springen und stampfen die Perchten auf den Boden oder springen über das Feuer. Im nächsten Sommer kann das Korn nur so hoch wachsen, wie die Perchten springen können, heißt es. Die Perchten verteilen Quellwasser an die Schaulustigen, doch sie können auch rabiat werden und Unschuldige an den Haaren zerren oder mit dem Besen traktieren.

Zu den traditionellen Figuren der Perchtenumzüge gehören Repräsentanten aus dem Reich der Geister, Dämonen und Naturwesen – so etwa Frau Bercht, die Schnabel- und Schönperchten, das Rauhweib, Hexen, Holzmandl, Bären mit

WISSENSWERTES

Bärentreiber, die Habergeiß und viele andere. Die Perchten unterscheiden sich in »Gute« und »Böse« – in die lieblichen, heilsbringenden Schönperchten und die wilden, raubeinigen Schierchperchten (bayerisch »schiach« = »böse«, »hässlich«).

Die Polarität ist kennzeichnend für die Zeit der Rauhnächte und kommt auch in den gegensätzlichen Figuren der Perchtenläufe zum Ausdruck: Diesseits und Jenseits berühren sich. Leben und Tod, Dunkel und Licht, gut und böse, schön und hässlich – in den Perchtenumzügen wird die ganze Fülle des Lebens in ihren positiven und negativen Seiten zum Ausdruck gebracht. Entsprechend unterschiedlich sind die Interpretationen. Für die einen symbolisieren die

WISSENSWERTES

Perchten das schlechte Gewissen der Sünder, die Angst vor ihrer gerechten Strafe haben. Die anderen sehen in den Perchten vor allem reinigende Fruchtbarkeitsgeister, die den Winter austreiben und die Wiedergeburt des Lichts einleiten. Beides ist in der Welt, das Schöne existiert nicht ohne das Hässliche ...

Eine Variante zu den Perchtenumzügen bilden die »Glöcklerläufe« der nördlichen Alpenregionen. Die »Glöckler« sind im Grunde genommen nichts anderes als Schönperchten, die die Dämonen der Rauhnächte vertreiben. Glöcklerläufe gehen auf alte Einkehrbräuche zurück. Heute erlebt der Brauch der Perchtenumzüge in der ganzen Alpenregion eine Renaissance: vor allem in Bayern, dem Allgäu, Teilen Österreichs und der Schweiz. Als Perchten verkleidete Gruppen – oft auch »Passen« genannt – ziehen durch die Orte; die Masken und Verkleidungen werden in mühevoller Kleinstarbeit von Hand hergestellt. Wer selbst einmal Zeuge dieser Umzüge sein möchte, sollte sich jedoch genau informieren, denn an manchen Orten finden diese Umzüge nicht jedes Jahr statt, und oft vermischen sich die traditionellen Perchtenläufe mit dem Krampuslaufen zu einem Festumzug. Die geheimnisvolle, mystische Energie der ursprünglichen Perchtenläufe, die immer ein Stück weit ungreifbar bleibt, geht dabei leider manchmal verloren. Aber noch gibt es Orte und Dorfgemeinschaften, die in der Tradition der Altvorderen fast wie ehedem durch die Gassen und über die Felder ziehen.

Der Abend kommt von weit gegangen
durch den verschneiten, leisen Tann.
Dann preßt er seine Winterwangen
an alle Fenster lauschend an.

Und stille wird ein jedes Haus;
die Alten in den Sesseln sinnen,
die Mütter sind wie Königinnen,
die Kinder wollen nicht beginnen
mit ihrem Spiel. Die Mägde spinnen
nicht mehr. Der Abend horcht nach innen,
und innen horchen sie hinaus.

Rainer Maria Rilke

Nachwort
Den Neuanfang wagen

Die Reise durch die Rauhnächte ist vollendet. Wir kehren in unser Haus zurück, doch verwandelt. Das Ende der Reise ist der Aufbruch in ein neues Jahr – in dem erblühen wird, was wir in der uns verwandelnden Zeit zwischen den Jahren gesät haben. Der 6. Januar ist ein Neuanfang. Sie haben sich, wenn Sie die Zeit der Rauhnächte gut genutzt haben, gründlich auf das neue Jahr vorbereitet. Jetzt sind die Weichen für ein harmonisches und glückliches Jahr gestellt: Sie kennen Ihre Ziele nun sehr genau, haben alte Lasten abgeworfen und Ihre geistigen Kräfte gestärkt. Und wenn Sie möchten, können Sie auch im Laufe des Jahres immer wieder einmal Kontakt zu der Qualität der Rauhnächte aufnehmen, indem Sie sich durchlesen, was Sie zu Ihren Träumen, Begegnungen oder Einsichten notiert haben, oder an Ihre Erfahrungen in den zwölf heiligen Nächten zurückdenken.

Als ich noch ein kleiner Bub war, galt der 6. Januar, der Dreikönigstag, als eines der wichtigsten Feste. Wir zogen singend von Hof zu Hof, um Gaben zu erbitten. Nach den besinnlichen, mitunter aber auch wilden Rauhnächten kam nun ein Tag, der voller Licht und Freude war – einer lebendigen, erleichterten Freude, die das Besinnliche noch in sich trug. Die kleinen Geschenke und Süßigkeiten waren natürlich bei uns Kindern Anlass zur Freude, doch letztlich ging es um viel mehr. Eine verheißungsvolle Stimmung lag in der Luft. Über Hauseingänge wurden mit Kreide die Buchstaben C+M+B aufgemalt, die alte Segensbitte »Christus mansionem benedicat« (»Christus segne dieses Haus«), und spätestens jetzt war es wohl für jeden spürbar, dass ein neues Jahr angebrochen war.

Vieles von dem, was das neue Jahr bringen wird, liegt allein in unseren Händen. Anderes können wir nicht beeinflussen. Doch gerade dann, wenn die Zeiten einmal nicht so rosig sind, ist es wichtig, dass wir uns von den Ereignissen nicht überwältigen lassen. In jeder Herausforderung verbirgt sich die Möglichkeit, zu wachsen und zu reifen, sofern wir bereit sind, trotz allem »Ja« zu sagen. Die Rauhnachtreise weckt unsere inneren Kräfte und bereitet uns darauf vor, die Zukunft mit neuen und wachen Augen zu begrüßen und das neue Jahr zu einer guten Zeit für uns alle zu machen.

Und nun ist es an der Zeit, uns voneinander zu verabschieden. Ich hoffe, Sie konnten ein wenig von dem, was ich hier aufgeschrieben habe, für sich und Ihre Entwicklung nutzen. Jedes Jahr beginnt die Reise, die aus der Dunkelheit ins Licht führt, wieder aufs Neue – und doch wird sie immer wieder ein neuer Aufbruch, eine aufregende Reise ins Unbekannte sein.

Bildnachweis

Bilderberg, Hamburg: 13 (Angelika Jakob)
Fotolia, New York: 64 (Eugen Wais), 136 (Friedberg),
iStockphoto, Calgary: 14 (Dirk Freder), 19 (sarah3579),
20 (biffspandex), 27 (igorartmd), 45 (Wingmar), 51 (Kompass-
studio), 86 (The linke), 93 (Fletch Photography), 122
(Carole Gomez), 129 (sharynos), 146 (N.N.), 164 (Wingmar)
LOOK, München: 6, 29, 32 (K. Wothe), 22 (Terra Vista), 34, 76,
132, 172 (Age Fotostock), 108 (Engel & Gielen), 154
(Helmuth Rier/Südtirolfoto), 157 (Franz Marc Frei),
Mauritius Images, Mittenwald: 24, 169 (Bernd Römmelt),
54 (Pixtal), 82 (Norbert Eisele-Hein), 106 (Hartmut Pöstges),
113 (Brigitte Protzel)
Panthermedia: 66 (Steve Byland)
Photodisc: 42, 61
Südwest Verlag, München: 96 (Matthias Tunger)

Valentin Kirschgruber, geboren 1948, wuchs als das fünfte von sieben Kindern auf einem kleinen Bauernhof im Allgäu auf. Nach einer Schreinerlehre studierte er katholische Theologie und ließ sich dann zum Holzbildhauer und Restaurator ausbilden. Heute lebt der Autor mit seiner Frau auf einer Alm im Allgäu.

Verlagsgruppe Random House FSC® N001967
Das für dieses Buch verwendete FSC®-zertifizierte Papier
Tauro liefert Papier Union.

2. Auflage
Originalausgabe
© 2013 Kailash Verlag
in der Verlagsgruppe Random House GmbH
Text- und Bildredaktion: Ute Heek
Umschlaggestaltung und Innenlayout: ki Editorial Design, Daniela Hofner
Satz: EDV-Fotosatz Huber/Verlagsservice G. Pfeifer, Germering
Druck und Bindung: Print Consult, München
Printed in Slovak Republic
ISBN 978-3-424-63082-4
www.kailash-verlag.de